Alleinerziehend

Meine Rechte

Beate Wernitznig

So nutzen Sie dieses Buch

Die folgenden Elemente erleichtern Ihnen die Orientierung im Buch:

Beispiele

Zahlreiche Beispiele in diesem Buch veranschaulichen das Gesagte.

Die Merkkästen enthalten wichtige Hinweise und hilfreiche Tipps.

Auf den Punkt gebracht

Am Ende jedes Kapitels finden Sie eine kurze Zusammenfassung des behandelten Themas.

Inhalt

Vorwort

„Tage wie dieser": Melanie Parker ist eine erfolgreiche Architektin und alleinerziehende Mutter. Jack Taylor dagegen ist zwar Vater, doch um seine Tochter kümmert sich der geschiedene Starjournalist höchstens mal am Wochenende. Als er ausgerechnet an einem schwierigen Arbeitstag auf die 5-jährige Maggie aufpassen muss, kommt er prompt in größte Terminschwierigkeiten. Da seine Zufallsbekanntschaft Melanie jedoch gerade die gleichen Probleme hat, schließen die beiden ein Bündnis, um Kind und Karriere wenigstens an diesem einen Tag unter einen Hut zu bekommen.

So sieht Hollywood den Alltag von Alleinerziehenden. In der Praxis jedoch stehen diese täglich vor nahezu unlösbaren Problemen und müssen ständig mit weit komplexeren Schwierigkeiten fertig werden. Anstelle der Frage, ob man hübsch genug aussieht, falls George Clooney oder Michelle Pfeiffer gleich um die Ecke biegen, geht es vielmehr um existenzielle Dinge. Dies betrifft nicht nur finanzielle Sorgen, sondern auch die Sorge, ob man seinem Kind neben Beruf und Haushalt gerecht wird. Oftmals steht kein Expartner zur Seite oder der Streit mit dem Ex ist das größte Problem.

Dieser Ratgeber gibt Aufschluss über die wichtigsten Fragen, mit denen Alleinerziehende im Alltag konfrontiert sind, und bietet eine strukturierte Einsicht in die deutsche Rechtslage. Da nicht alle Alleinerziehenden die gleichen Probleme haben, ist jedes Kapitel in sich abgeschlossen. Es soll damit ein Überblick über wichtige Fragen und Hilfestel-

lungen gegeben werden. Mit dieser Hilfe stellen sich manche Hürden als doch nicht so hoch heraus.

Dr. Beate Wernitznig

Einführung

Was zeichnet eigentlich „den typischen Alleinerziehenden" aus? Das fragen sich viele, und die Antwort ist denkbar einfach: Die Alleinerziehende bzw. den Alleinerziehenden als festen Stereotypen gibt es einfach nicht. Die Gruppe der Alleinerziehenden besteht nicht – wie gemeinhin oft angenommen – allein aus jungen, unverheirateten Frauen. Zunehmend sind auch Väter betroffen, und der Status „alleinerziehend" ist zudem in allen sozialen Schichten anzutreffen.

Definitionen des Begriffs „alleinerziehend" finden sich im Sozialgesetzbuch und im Steuerrecht. Alleinerziehend ist danach, wer ohne die nicht nur unerhebliche Hilfe eines anderen Erwachsenen Kinder unter 18 Jahren groß zieht. Dieser Erwachsene muss dabei keineswegs der eigene Partner sein: Schon eine Wohngemeinschaft mit der besten Freundin oder den eigenen Eltern kann dazu führen, dass man nicht mehr als alleinerziehend gilt. Voraussetzung für das Alleinerziehend-Sein ist jedoch nicht, dass die alleinige elterliche Sorge besteht. Lebt ein Kind in einem sog. Wechselmodell, also zu 50 % bei jedem Elternteil, ist kein Elternteil alleinerziehend.

Dieser Ratgeber richtet sich jedoch nicht nur an diese eng begrenzte Personengruppe, denn viele Probleme betreffen auch Elternteile, die mit jemandem zusammenleben. Die starre Definition greift jedoch streng im Steuer- und Sozialrecht.

Nach Angaben des Statistischen Bundesamtes/Mikrozensus ist die Zahl der Alleinerziehenden im Jahr 2009 leicht zurückgegangen. Zuvor war sie seit 1996 von rund 1,3 Millionen um rund 20 % auf knapp 1,6 Millionen gestiegen. Hiervon waren ca. 90 % Frauen und nur 10 % Männer.

Die Alleinerziehenden stellen einen wachsenden Anteil an den Familienformen dar. Waren 1996 nur knapp 5 % alleinerziehend mit minderjährigen Kindern, so wuchs diese Gruppe bis 2009 auf 9 %. Die Gruppe der Alleinerziehenden besteht zu 45 % aus 35- bis 45-Jährigen, gefolgt von den 45- bis 55-Jährigen. Erst auf Rang 3 folgen die 25- bis 35-Jährigen. Die meisten alleinerziehenden Mütter sind entweder geschieden oder ledig. Alleinerziehende Väter sind zu höheren Anteilen geschieden oder dauerhaft getrennt lebend. Im Vergleich zu alleinerziehenden Müttern sind sie zu einem höheren Anteil verwitwet.

Der überwiegende Anteil der Alleinerziehenden, ca. 70 %, hat ein Kind, wobei die Kinder nahezu zur Hälfte über zehn Jahre alt sind.

Deutliche Unterschiede zwischen Alleinerziehenden und Ehepaaren sind beim Einkommen erkennbar. Über 40 % der Alleinerziehenden haben ein Nettoeinkommen unter 1.300 Euro. Bei Einkommen über 2.600 Euro sind sie nur mit rund 7 % vertreten. Bei den Ehepaaren ist dies annähernd umgekehrt. Ca. 60 % der Alleinerziehenden bestritt ihren Lebensunterhalt aus Erwerbstätigkeit. 30 % erhielten ALG I/II.

Die vergleichsweise schlechte Einkommenssituation erklärt sich nicht aus fehlenden Ausbildungsabschlüssen: Nur knapp 6 % der Alleinerziehenden verfügen über keinen Abschluss. 25 % haben Fachhochschulreife oder Abitur.

Hier liegt der Verdacht nahe, dass Arbeitgeber Alleinerziehende nur ungern einstellen.

Leider sind die Regelungen für Alleinerziehende nicht in einem Gesetz zusammengefasst. Sie befinden sich im BGB, soweit es um Unterhalt, Umgang, Sorge und Ähnliches geht. Staatliche Hilfen sind in den Sozialgesetzbüchern geregelt. Auch die Steuergesetze haben zahlreiche Sonderregelungen für Alleinerziehende.

Was muss ich mit dem anderen Elternteil absprechen?

Sorgerecht

Wer ein Kind großzieht, muss nahezu täglich Entscheidungen in dessen Namen treffen. Das können Entscheidungen über alltägliche Dinge sein, aber auch solche zur Vermögensverwaltung und Gesundheitsfürsorge. Und natürlich wollen auch so grundlegende und wichtige Fragen wie die der religiösen Erziehung, der Schulbildung oder des Aufenthalts geklärt werden.

Gerade bei Eltern in der Trennungsphase oder nach einer Scheidung ist die Kommunikation untereinander oft erschwert. Ob sich die Eltern in Angelegenheiten, die das Kind betreffen, abstimmen müssen oder ob einer allein entscheiden kann, hängt davon ab, wem das Sorgerecht zusteht.

Sorgerecht bei Kindern verheirateter Eltern

Sind die Eltern zur Zeit der Geburt des Kindes verheiratet, steht ihnen die elterliche Sorge automatisch gemeinsam zu. Es bedarf keiner weiteren Erklärungen oder Anträge. Die gemeinsame Sorge besteht auch über die Trennung bzw. Scheidung hinaus fort. Fragen, die über die alltäglichen Belange hinausgehen – etwa Vermögens-, Aufenthalts- oder Ausbildungsfragen –, sind somit abzustimmen. Die gemeinsame Sorge endet erst, wenn ein Gericht die elterliche Sorge auf Antrag auf einen Elternteil überträgt, ein Elternteil stirbt oder das Kind volljährig wird.

> **Achtung:**
> Bei gemeinsamem Sorgerecht müssen Entscheidun-
> gen, die über die alltäglichen Belange hinausgehen,
> von beiden Eltern gemeinsam getroffen werden.

Sorgerecht bei Kindern unverheirateter Eltern

Die elterliche Sorge für ein nicht eheliches Kind steht nach
derzeit geltendem Recht der Mutter allein zu. Das Bundesverfassungsgericht hat diesen Automatismus jedoch als
verfassungswidrig gerügt, da die Rechte der Väter unzulässig beschnitten werden. Dem Gesetzgeber wurde aufgegeben, diesen Bereich neu zu regeln – dies ist bis dato
jedoch noch nicht geschehen.

Nicht verheiratete Eltern, bei denen die Vaterschaft anerkannt oder gerichtlich festgestellt ist, können die gemeinsame Sorge erlangen, indem sie erklären, dass sie die Sorge
gemeinsam übernehmen wollen (Sorgeerklärung), oder
einander heiraten. Die gemeinschaftliche elterliche Sorge
ist auch möglich, wenn die Eltern nicht zusammenwohnen.

Bis zur gesetzlichen Neuregelung kann das Gericht die
gemeinsame Sorge auch gegen den Willen der Mutter
anordnen, wenn ein solcher Schritt dem Kindeswohl zu-
träglich ist. Dies geschieht in der Praxis jedoch nur selten.

Die Sorgeerklärung muss von den Eltern selbst abgegeben
und entweder von einem Notar oder dem Jugendamt öffentlich beurkundet werden.

> **!**
>
> **Hinweis:**
>
> Es ist möglich, die Sorgeerklärung schon vor der Geburt des Kindes abzugeben.

Die Eltern sind so lange an die Sorgeerklärung gebunden, bis ein Gericht abweichend entscheidet.

Ist eine Sorgeerklärung unterblieben, kann dem Vater bei Trennung nur dann das alleinige Sorgerecht übertragen werden, wenn die Mutter dem zustimmt und diese Maßnahme dem Kindeswohl entspricht. Bis zur anstehenden Gesetzesänderung können Väter bereits jetzt die gemeinsame Sorge beantragen, wenn dies dem Kindeswohl entspricht.

Ferner besteht die Möglichkeit, dass der Vater die alleinige elterliche Sorge beantragt, wenn

▸ die sorgeberechtigte Mutter verstorben ist,

▸ der Mutter die elterliche Sorge entzogen wurde oder

▸ die elterliche Sorge aus tatsächlichen Gründen ruht (z. B. schwere Krankheit).

Stand das Sorgerecht beiden Eltern gemeinsam zu und fällt die Mutter aus, so übernimmt der Vater die elterliche Sorge allein.

Tod des Sorgerechtsinhabers

Steht den Eltern (ehelich und nicht ehelich) die elterliche Sorge gemeinsam zu, so erhält der überlebende Ehegatte mit Tod des anderen automatisch die alleinige elterliche Sorge.

Hat das Gericht jedoch nach Trennung der Eltern einem Elternteil die elterliche Sorge allein übertragen, so muss der überlebende Elternteil, der nicht Sorgerechtsinhaber war, einen Antrag auf Übertragung bei Gericht stellen. Ihm ist dann das Sorgerecht zu übertragen, wenn dies dem Kindeswohl nicht widerspricht.

Haben unverheiratete Eltern keine Sorgeerklärung abgegeben, so hat beim Tod der Mutter das Gericht auf Antrag dem Vater die elterliche Sorge zu übertragen, wenn dies dem Wohl des Kindes dient. Bestehen daran Zweifel, so wirkt sich das grundsätzlich zum Nachteil des Vaters aus.

Zu denken ist jedoch auch daran, in einem Testament einen Vormund zu bestimmen, um zu gewährleisten, dass nach dem Tod nicht etwa der andere Elternteil als Vormund benannt wird. Solche Bestimmungen kann man jedoch nur treffen, wenn man Inhaber der alleinigen elterlichen Sorge ist, also nicht, wenn – wie jetzt bei Scheidungen als Regelfall vorgesehen – die gemeinsame Sorge bestehen bleibt!

Auf den Punkt gebracht

▸ Die elterliche Sorge für ein Kind unverheirateter Eltern steht allein der Mutter zu, es sei denn, die Eltern haben eine Sorgeerklärung abgegeben.

▸ Die Sorgeerklärung wirkt über eine Trennung hinaus.

▸ Bei gemeinsamer Sorge müssen Fragen, die über alltägliche Entscheidungen hinausgehen, abgestimmt werden.

Umgang

In den meisten Fällen findet der Umgang durch persönlichen Kontakt zwischen Elternteil und Kind statt. Umgang ist aber auch über Telefonate, Brief- oder E-Mail-Verkehr möglich. Die Häufigkeit richtet sich nach dem Alter des Kindes und den Lebensumständen. Finden die Eltern miteinander eine Lösung, können sie den Umgang für ihre Verhältnisse passend gestalten.

In den letzten 20 Jahren hat sich auf dem Gebiet des Umgangsrechts viel getan. So waren bis zum 30.06.1998 viele Väter bloße Zahlväter. Ob und in welchem Umfang Umgang stattfand, bestimmte allein die Mutter. Inzwischen ist das Umgangsrecht nicht nur als Recht des Vaters, sondern als Recht des Kindes ausgestaltet. Es wird nicht mehr nach ehelichen und nicht ehelichen Kindern unterschieden. Der nicht eheliche Vater kann in gleichem Umfang Umgang mit dem Kind beanspruchen wie ein ehelicher Vater. Steht das Sorgerecht für ein gemeinsames Kind dem Vater zu, hat auch die Mutter ein Umgangsrecht mit ihrem Kind.

Verbessert hat sich auch die Lage der Väter, wenn die Mutter des Kindes noch verheiratet ist. Nach alter Rechtslage hatte der nicht eheliche Vater kein Umgangsrecht, wenn ein anderer als rechtlicher Vater feststand. Per Gesetz gilt nämlich, wenn in einer Ehe ein Kind geboren wird, der Ehemann als rechtlicher Vater. Will er sich hiervon lösen, muss er die Vaterschaft anfechten. Nach dem neuen Gesetz können jetzt enge Bezugspersonen des Kindes, sei es der leibliche Vater oder ein Lebensgefährte der Mutter, Umgang mit dem Kind haben, falls das dem

Wohl des Kindes dient und die Bezugspersonen für das Kind tatsächliche Verantwortung getragen haben.

Umgangsrecht für nicht ehelichen Vater

Die noch verheiratete Mutter Lisa wohnt nach der Trennung von ihrem Mann mit ihrem Lebensgefährten Tom zusammen. Die beiden bekommen ein Kind, das drei Jahre lang im gemeinsamen Haushalt lebt. Dann zerbricht die Partnerschaft. Tom ist zwar der leibliche, nicht aber der rechtliche Vater des Kindes – denn laut Gesetz gilt Lisas Ehemann bis zur Vaterschaftsanfechtung als rechtlicher Vater. Da Tom aber drei Jahre lang mit dem Kind zusammengelebt hat, dürfte er in der Regel eine enge Bezugsperson für das Kind sein und kann deshalb nach der Trennung Umgang verlangen.

Die Kindschaftsrechtsreform hat das Umgangsrecht gestärkt. So wird das Umgangsrecht heute nicht mehr primär als Elternrecht verstanden, sondern als Recht des Kindes. Bei einem Streit der Eltern um das Umgangsrecht ist daher immer und an erster Stelle das Wohl des Kindes zu beachten. Die richterliche Entscheidung hat sich allein am Kindeswohl zu orientieren. Dabei geht das Gesetz davon aus, dass in der Regel zum Wohl des Kindes der Umgang mit beiden Elternteilen gehört.

Eine Beschränkung oder gar der vollständige Ausschluss des Umgangsrechts ist nur in engen Grenzen möglich. Dies darf nur dann erfolgen, wenn sonst das Kindeswohl gefährdet würde. Vorrangig muss in diesen Fällen jedoch geprüft werden, ob die Gefährdung des Kindeswohls nicht durch die Anwesenheit Dritter (z. B. Mitarbeiter des Jugendamts) abgewendet werden kann. Dies kann eine Lösung darstellen, wenn bei der Trennung der Eltern Gewalt oder sexueller Missbrauch im Spiel war, aber auch, wenn das Kind in der Vergangenheit nicht vom Umgang zurückgebracht wurde. Ein Ausschluss des Umgangs wird nur in absoluten Einzelfällen in Betracht kommen und dann nur befristet.

Umgangsregelung

Eltern können eine Vereinbarung treffen, in der die Umgangszeiten festgelegt sind: insbesondere an welchen Tagen und wie lange der Umgang stattfindet. Es sollte auch eine Regelung über die Ferien und Feiertage getroffen werden (Mustervereinbarung siehe Anhang, S. 120).

In erster Linie soll versucht werden, zwischen den Eltern eine einvernehmliche Lösung zu erreichen. Dies erspart allen Seiten – insbesondere aber den Kindern – eine Menge Ärger, Unsicherheit und Stress.

Tipp:
Es kann auch sinnvoll sein, die Hilfe Dritter, sei es des Jugendamts oder einer Familienberatungsstelle, in Anspruch zu nehmen, um den Umgang kindgerecht zu regeln.

Wie das Umgangsrecht im Einzelfall ausgestaltet ist, hängt von den jeweiligen Lebensumständen ab, z. B. Alter des Kindes, Entfernung etc.

Als Richtwert können folgenden Regelungen gelten:

▸ bei Babys und Kleinkindern ein mehrstündiger Umgang
  einmal in der Woche

▸ bei älteren Kindern häufig ein vierzehntägiges Besuchs-
  recht mit Übernachtung

▸ Ferienregelung: Im Idealfall hälftige Aufteilung; hierüber
  sollte jedoch frühzeitig gesprochen werden, damit
  der/die berufstätige(n) Elternteil(e) rechtzeitig seinen/ih-
  ren Urlaub beantragen kann/können.

Für die Ausgestaltung gibt es keine festen Muster nach
Altersgrenzen. Das hängt vom jeweiligen Kind ab. Ein Ein-
jähriger mit einer festen Bindung zum Vater kann durchaus
auch übernachten, wogegen dies einem 4-Jährigen mit
langer Trennungsgeschichte zu viel sein kann.

Vereinbarungen können einfach schriftlich getroffen, aber
auch in einer notariellen Urkunde festgelegt werden.

Selbst wenn einem Elternteil weder das Sorge- noch ein
Umgangsrecht zusteht, bleibt ihm die Möglichkeit, vom
anderen Elternteil Auskunft über die persönlichen Verhältnisse des Kindes zu verlangen. Hierzu gehören u. a. schulische Leistungen, Gesundheitszustand, Hobbys und in der
Regel ein aktuelles Foto des Kindes. Voraussetzung ist aber
auch hier, dass dies dem Kindeswohl nicht widerspricht.

Das Gesetz hat für die Eltern die Möglichkeit eingeräumt,
bei auftretenden Problemen nach einer gerichtlichen Entscheidung über das Umgangsrecht ein gerichtliches Ver-
mittlungsverfahren in Anspruch zu nehmen. Durch dieses
Verfahren soll eine weitere Konfliktsteigerung, die eine

zwangsweise Durchsetzung des Umgangsrechts im Wege der Vollstreckung mit sich bringt, verhindert werden.

Aussetzung des Umgangs nur in Notfällen

Da das Umgangsrecht auch ein Recht des Kindes ist, sind an einen Ausschluss hohe Anforderungen zu stellen. Es wird darauf abgestellt, ob der Umgang das Kindeswohl gefährdet. In diesen Fällen ist die Maßnahme zu ergreifen, die den geringsten Eingriff darstellt.

Umgang im Beisein Dritter

Der Kontakt zwischen Vater Karl und Kind Benjamin war über einen längeren Zeitraum abgebrochen. Benjamin möchte während des Umgangs vorerst nicht mit Karl allein sein. Durch die Begleitung einer Vertrauensperson bei den ersten Kontakten kann Benjamin wieder Vertrauen zum Vater fassen.

In derartigen Fällen kann das Familiengericht also einen begleiteten Umgang anordnen. Die Umgangstermine finden dann in Begleitung eines Dritten, sei es einer vertrauten Person oder einer vom Gericht bestellten Person statt.

Regelung des Umgangs durch Umgangspfleger

Die sorgeberechtigte Mutter Sofia verweigert Vater Moritz den Umgang mit dem Kind Chantal. Trotz gerichtlicher Umgangsregelung übergibt sie Chantal nicht an Moritz oder schiebt Ausreden vor. Das Gericht wird hier einen Umgangspfleger bestellen. Dieser regelt dann anstelle der Mutter den Umgang mit dem Kind. Er vereinbart Termine und übergibt das Kind an den Vater.

Eine Umgangsaussetzung würde den Vater bestrafen und falsche Zeichen an die verweigernde Mutter setzen. Deshalb hat das Familiengericht die Möglichkeit, einen Umgangspfleger zu bestellen, der den Umgang regelt, oder kann in massiven Fällen sogar der Mutter die elterliche Sorge entziehen.

Problematisch sind die Fälle, in denen das Kind den anderen Elternteil ablehnt, da es vom sorgeberechtigten Elternteil negativ beeinflusst wird. Hier kann in Einzelfällen der Druck auf die Kinder so stark sein, dass ein durch das Gericht verordneter Umgang schädlicher ist als ein Umgangsausschluss. Es kommt jedoch immer auf eine Abwägung im Einzelfall an.

Hier ist nach Alter und Motivation des Kindes zu unterscheiden. Bei kleineren Kindern muss die sorgeberechtigte Mutter erzieherisch auf das Kind einwirken und eine positive Einstellung zum Umgang fördern. Ist das Kind älter als zwölf Jahre, werden erzieherische Maßnahmen kaum zum Ergebnis führen. Ermöglichen begleitende Maßnahmen, wie Betreuer oder begleiteter Umgang, keinen Kontakt, steht eine Aussetzung des Umgangs im Raum.

Im Falle eines Ausschlusses des persönlichen Umgangs ist jedoch zu prüfen, ob telefonischer, brieflicher oder Kontakt per E-Mail möglich ist.

Wer holt das Kind ab und wer trägt die Kosten?

Sofern die Eltern nichts anderes vereinbart haben, ist es Aufgabe des Umgangsberechtigten, das Kind beim anderen Elternteil abzuholen und wieder dorthin zurückzubringen. Dabei können je nach Wohnort der Eltern erhebliche Kosten entstehen.

Grundsätzlich hat der Umgangsberechtigte diese Kosten allein zu tragen. Er kann sie im Rahmen der Unterhaltsberechnung nicht einkommensmindernd ansetzen.

Nur in Ausnahmefällen, in denen eine große räumliche Entfernung vorliegt und der Umgangsberechtigte in beengten wirtschaftlichen Verhältnissen lebt, kann eine Billigkeitsabwägung vorgenommen werden, wenn die Kostenlast dazu führen würde, dass der Umgang faktisch unmöglich wird. Es kommt dann entweder eine Erhöhung des Selbstbehalts bei der Unterhaltsberechnung in Betracht oder eine anteilige Kostenbeteiligung des anderen Elternteils, wenn dieser dazu in der Lage ist.

Umgangsverfahren bei Gericht

In der Vergangenheit waren Umgangsverfahren bei Gericht häufig sehr langwierige Prozesse. Allein bis zum ersten Termin konnten Monate vergehen. Für diesen ersten Termin wurde das Jugendamt vom Gericht aufgefordert, einen Bericht über die Eltern und die Familiensituation zu erstellen. Je nach Personalauslastung des Jugendamts musste auf diesen Bericht mehrere Wochen lang gewartet werden. Gerade bei Streitigkeiten, bei denen der Vater den Umgang einforderte, war diese lange Wartezeit zermürbend.

Dieser Entwicklung haben viele Gerichte durch Verfahrensmodelle, die eine Beschleunigung herbeiführen sollen, Rechnung getragen. Als erstes Gericht hat dies das Amtsgericht Cochem mit dem Cochemer Modell umgesetzt. Dieses Verfahren sieht vor, dass der erste Termin möglichst zwei bis drei Wochen nach Antragstellung erfolgt. Das Jugendamt erstellt keinen Bericht, Schriftsätze enthalten nur eine kurze sachliche Darstellung. Im Termin wird dann versucht, eine Lösung zu erarbeiten. Gelingt dies nicht, gehen die Eltern bei einer Beratungsstelle, z. B. Jugendamt, Caritas etc., in Elterngespräche. Dort haben sie die Möglichkeit, mit professioneller Hilfe eine Umgangsregelung zu erarbeiten. Nur wenn es hier auch zu keiner Lösung kommt oder die Vereinbarung nicht eingehalten wird, wird das Gericht tätig. Es regelt dem Umgang entweder per Beschluss oder zieht einen Sachverständigen hinzu. In vielen Fällen kommen die Eltern jedoch schon im ersten Gerichtstermin zu einer tragfähigen Lösung.

Zahlreiche andere Amtsgerichte sind diesem Modell in ähnlicher Form gefolgt. Ab 01.09.2009 hat der Gesetzgeber bestimmt, dass der erste Termin nach spätestens einem Monat stattfinden soll. Im Umgangsverfahren soll die Beratung und/oder Mediation größere Bedeutung gewinnen. Diese kann je nach Bundesland bei Gericht oder bei externen Mediatoren stattfinden.

Auf den Punkt gebracht

▸ Umgang ist ein Recht des Kindes, ein Ausschluss findet nur in Ausnahmefällen statt.

▸ Umgangsregelungen können von den Eltern frei gestaltet werden.

▸ Umgangsverweigerung kann zum Entzug der elterlichen Sorge führen.

Namensrecht

Der Nachname des Kindes dokumentiert seine Familienzugehörigkeit nach außen. Heißt das Kind anders als ein Elternteil, können sich im Alltag Probleme ergeben, z. B. im Kindergarten, bei Ärzten etc. In manchen Fällen muss sich dieser Elternteil dann zur Namenssituation erklären und ggf. Nachweise für seine Elternschaft vorlegen. Die Namensgebung sollte also gut überlegt werden.

Kinder verheirateter Eltern

Mit der Wahl des Ehenamens wird der Name des gemeinsamen ehelichen Kindes festgelegt.

1994 wurde vom Gesetzgeber das neutrale Namensrecht eingeführt. Seitdem bestehen zahlreiche Möglichkeiten, den Familiennamen bei der Eheschließung auszuwählen. Es wird zwischen Familien- und Begleitnamen unterschieden:

▸ Der Familienname wird in die nächsten Generationen weitergeführt, der Begleitname wird angehängt.

▸ Die Kinder erhalten den Familiennamen. Es gilt die getroffene Regelung.

▸ Der Begleitname kann auch nach der Heirat noch schriftlich vom Standesamt angefügt werden. Ebenso kann er auch wieder aufgegeben werden.

Weitere Korrekturen sind nicht möglich, es sei denn im Fall einer Scheidung oder Verwitwung.

Der Familienname kann nachträglich nicht wieder verändert werden.

Was bedeutet das Gesetz im Einzelnen? Ziel ist es, dass die Partner selbst entscheiden, welchen Namen sie künftig tragen wollen. Doppelnamen sind untersagt, weil sich durch die Generationen hindurch komplette Namensveränderungen ergeben würden.

Folgende Entscheidungen sind möglich:

▸ Die Eheleute nehmen den Familiennamen eines von beiden an und bleiben damit bei der traditionellen Regelung. Auch die Kinder tragen diesen Namen (Familie Müller).

▸ Ein Partner entscheidet sich für einen Doppelnamen – allerdings nur für sich selbst (Frau Huber-Müller). Die Kinder dürfen jedoch nur einen Namen tragen (Paul Müller).

▸ Sollten die Partner den gleichen Nachnamen haben, darf daraus kein Doppelname gemacht werden (Müller-Müller geht nicht).

▸ Führt ein Partner vor der Heirat einen Doppelnamen (Becker-Müller), darf er diesen Namen weiterführen. In diesem Fall darf der Doppelname nicht vollständig hinzugefügt werden, sondern man muss sich für einen der Namen entscheiden. Diese Kombination kann jedoch nicht Ehename werden.

▸ Es kann jeder Ehepartner seinen Namen behalten (Frau Huber, Herr Müller), für die Kinder muss allerdings ein Familienname bestimmt werden (Paul Müller).

Im Falle einer Wiederverheiratung nach einer Scheidung kann jeder den Familiennamen weiterführen. Nach neuer

Rechtsprechung darf auch dieser Name als Ehename gewählt werden.

Nicht eheliche Kinder

Den Vornamen des Kindes bestimmt der Sorgeberechtigte. Den Familiennamen hat das Kindschaftsrechtsreformgesetz von 1998 neu geregelt. Steht den Eltern das Sorgerecht gemeinsam zu, können sie den Nachnamen des Vaters oder der Mutter wählen. Ist nur ein Elternteil sorgeberechtigt, so erhält das Kind den Familiennamen des sorgeberechtigten Elternteils.

Viele unverheiratete Eltern haben den Wunsch, dass ihr Kind einen aus den beiden Familiennamen der Eltern gebildeten Doppelnamen trägt. Dies ist nicht möglich. Die Eltern müssen sich für einen Nachnamen entscheiden.

Ist die Mutter bei der Geburt des Kindes noch mit einem anderen Mann verheiratet, so erhält das Kind automatisch den Ehenamen. Wenn die Vaterschaft geklärt und die Ehe geschieden ist, kann die Mutter ihren Geburtsnamen oder den bei der Eheschließung geführten Namen annehmen. Die Namensänderung der Mutter erstreckt sich automatisch auf das Kind, sofern es noch nicht fünf Jahre alt ist. Nach seinem fünften Geburtstag muss das Kind (sein gesetzlicher Vertreter) der Namensänderung zustimmen. Nach dem 14. Geburtstag kann das Kind die Erklärung nur selbst abgeben, bedarf aber bis zur Volljährigkeit der Zustimmung des gesetzlichen Vertreters.

Ist die Mutter zunächst allein sorgeberechtigt und trägt das Kind daher ihren Nachnamen, so können die Eltern den

Nachnamen des Kindes ändern, wenn sie gemeinsame elterliche Sorge durch Sorgeerklärung oder Heirat begründen. Die Änderung muss binnen drei Monaten erfolgen. Falls das Kind über fünf Jahre alt ist, muss es der Änderung zustimmen.

Trennen sich die Eltern und erhält die Mutter die Alleinsorge, so hat sie nicht das Recht, eine erneute Namensänderung vorzunehmen.

Auf den Punkt gebracht

▸ Den Vornamen des Kindes bestimmt der Sorgeberechtigte.

▸ Es kann für den Nachnamen des Kindes kein Doppelname aus beiden Elternnamen gebildet werden.

▸ Die Namensgebung bleibt in der Regel auch über eine Trennung hinaus bindend.

Kindesunterhalt

Seit dem 01.07.1998 sind durch das Kindesunterhaltsgesetz die Unterhaltsansprüche aller Kinder – sowohl verheirateter und als auch nicht verheirateter Eltern – gleichgestellt. Mit der Unterhaltsrechtsreform zum 01.01.2008 wurden die Rechte der minderjährigen Kinder weiter gestärkt, da sie nun durch die Neuregelung in § 1609 Nr. 1 BGB an erster Stelle der Unterhaltsberechtigten stehen.

Unterhaltsschuldner

Kindesunterhalt wird primär von den Eltern geschuldet. In Ausnahmefällen kommt auch eine Unterhaltspflicht der Großeltern in Betracht, falls die Eltern nicht leistungsfähig sind oder nicht mehr leben.

Minderjährige Kinder

Minderjährige Kinder haben Anspruch auf Naturalunterhalt (also Betreuung, Verpflegung etc.) und auf Barunterhalt (Geld). Leben die Eltern getrennt, so erfüllt derjenige Elternteil, bei dem das Kind lebt, seine Unterhaltspflicht bereits durch die Betreuung etc. Er gewährt Naturalunterhalt. Dieser Elternteil schuldet i. d. R. kein Geld.

Der andere Elternteil schuldet den sog. Barunterhalt, dessen Höhe sich allein nach seinem Einkommen richtet. Anhand dieses Einkommens wird dann der zu zahlende Unterhalt in der Düsseldorfer Tabelle abgelesen.

Tipp:

Die jeweils aktuelle Düsseldorfer Tabelle können Sie auf der Internetseite des OLG Düsseldorf unter www.olg-duesseldorf.nrw.de herunterladen. Dort finden Sie auch Erläuterungen zur Einkommensermittlung.

> ## Unterhaltsermittlung
>
> *Die Kinder Max (7) und Moritz (13) leben bei ihrer Mutter Tanja. Der Vater Fritz verdient netto 2.500 €, Tanja 1.100 €. Das Einkommen von Fritz entspricht Einkommensgruppe 4 der Düsseldorfer Tabelle. Für Max beträgt der Tabellenbetrag 419 €, für Moritz 490 €. Wenn Tanja das Kindergeld bezieht, ist jeweils noch der um das halbe Kindergeld (= 92 €) reduzierte Tabellenbetrag zu zahlen, somit 327 € und 398 €.*

Das Einkommen bzw. Vermögen desjenigen Elternteils, bei dem das Kind lebt, ist grundsätzlich irrelevant. Deshalb kann es vorkommen, dass ein Kind z. B. bei seiner gut verdienenden Mutter lebt, aber trotzdem von seinem nur wenig verdienenden Vater Unterhalt verlangen kann.

Von dieser Regel gibt es folgende Ausnahmen:

▸ bei Sonderbedarf (siehe S. 36)

▸ wenn derjenige Elternteil, bei dem das Kind lebt, sehr viel mehr Einkommen als der barunterhaltspflichtige Elternteil hat

▸ wenn das Kind sich abwechselnd bei beiden Elternteilen aufhält (siehe S. 39)

Volljährige Kinder

Ein volljähriges Kind hat keinen Anspruch mehr auf Natural-, sondern nur noch auf Barunterhalt (Geld).

Für den Barunterhalt eines volljährigen Kindes bis zum Ende der Ausbildung haften beide Elternteile. Das heißt, mit Eintritt der Volljährigkeit haben grundsätzlich beide

Eltern Unterhalt in Form von Geld zu zahlen. Das gilt auch für denjenigen Elternteil, bei dem das Kind lebt. Dieser Elternteil kann dem nicht entgegenhalten, er leiste (weiterhin) Naturalunterhalt. Der Naturalunterhalt kann aber mit dem Barunterhalt verrechnet werden.

Jeder Elternteil haftet (nur) anteilig in Höhe seines unterhaltsrelevanten Einkommens abzüglich des Selbstbehalts, der gegenüber privilegierten (in Schulausbildung befindlichen) volljährigen Kindern bei 950 Euro liegt (770 Euro beim Nichterwerbstätigen). Gegenüber anderen volljährigen Kindern (z. B. Student) liegt der Selbstbehalt bei 1.150 Euro.

Achtung:

Die Unterhaltspflicht eines Elternteils kann nur dann ausgerechnet werden, wenn auch das Einkommen des anderen Elternteils bekannt ist. Das volljährige Kind, das Unterhalt verlangt, ist verpflichtet, dem einen Elternteil über das Einkommen des anderen Elternteils Auskunft zu geben. Es muss hier ggf. von seinem Auskunftsanspruch Gebrauch machen.

Jeder Elternteil schuldet aber maximal den Unterhalt, der sich nach der Düsseldorfer Tabelle ergeben würde, wenn er allein Unterhalt nach seinem Einkommen zahlen müsste.

Der Anteil wird nach folgender Formel berechnet:

$$\frac{\text{Einkommen Vater/Mutter} - \text{Selbstbehalt } 1.150\,\text{€}}{\text{Einkommen beider Eltern} - 2 \times \text{Selbstbehalt } 1.150\,\text{€}} \times \text{Bedarf Kind}$$

= Anteil Vater/Mutter

Unterhaltsberechnung

Student Phillip wohnt auswärts. Er ist für beide Eltern der einzige Unterhaltsberechtigte. Der Vater Tom verdient netto 2.600 €, Mutter Claudia 1.600 €. Das Kindergeld erhält Claudia. Nach der Düsseldorfer Tabelle beträgt Phillips Bedarf 670 €, abzüglich des vollen Kindergeldes 486 €. Toms Anteil berechnet sich damit folgendermaßen:

(2.600 € – 1.150 €) : (2.600 € + 1.600 € – 2.300 €) × 486 € = 371 €.

Tom muss 371 € bezahlen. Auf Claudia entfallen dann 486 € – 371 € = 115 €.

Höhe des Kindesunterhalts

Der Unterhaltsanspruch wird in mehreren Schritten ermittelt:

Im ersten Schritt wird der sog. Unterhaltsbedarf ermittelt. Hierbei geht es um die Frage, wie viel Geld das Kind mindestens für seinen Lebensunterhalt braucht. Die Höhe dieses Betrags richtet sich gemäß § 1610 BGB nach der „Lebensstellung des Bedürftigen". Die Lebensstellung des Bedürftigen – hier also des Kindes – hängt von seiner Lebenssituation ab.

Deshalb muss man folgende Gruppen unterscheiden:

▸ minderjährige Kinder

▸ volljährige Schüler bzw. Auszubildende bis 21 Jahre, die noch im Elternhaus wohnen

▸ Studenten

▸ andere volljährige Kinder

Minderjährige Kinder leiten ihre Lebensstellung von den Eltern ab. Für die Barunterhaltspflicht wird daher das Nettoeinkommen des Unterhaltspflichtigen zugrunde gelegt. Steht dieses fest, wird der Kindesunterhalt in der Regel nach den Sätzen der Düsseldorfer Tabelle festgelegt.

Für die zweite Gruppe gilt Altersgruppe „ab 18" der Düsseldorfer Tabelle. Studenten und volljährige Kinder mit eigenem Hausstand haben eine eigene Lebensstellung. Für diese Kinder wird ein Bedarf von 670 Euro festgesetzt. Dies gilt auch, wenn der Student zu Hause wohnen sollte.

Sind die Kinder nicht in der gesetzlichen Familienversicherung krankenversichert, so sind die Kosten einer privaten Krankenversicherung neben den Beträgen der Düsseldorfer Tabelle vom Barunterhaltspflichtigen zu bezahlen.

Im zweiten Schritt wird das eigene Einkommen des Kindes ggf. vom Unterhaltsanspruch abgezogen.

Zu beachten ist, dass das anrechenbare Einkommen minderjähriger Kinder beiden Elternteilen gleichmäßig zugute kommt. Die Barunterhaltspflicht verringert sich für jeden Elternteil also nur um die Hälfte des anrechenbaren Kindeseinkommens. Man erhält so den Unterhaltsanspruch.

Unterhaltsberechnung bei Kindeseinkommen

Vater Karl ist seinen beiden Kindern Lisa (13) und Marie (17) und seiner Ehefrau Simone unterhaltspflichtig. Sein einzusetzendes Einkommen beträgt 2.400 €. Marie erhält ein Lehrlingsgehalt von 300 €. Kindergeld erhält die Ehefrau Simone.

> *Seinem Einkommen nach muss Karl Kindesunterhalt nach Stufe 4 der Düsseldorfer Tabelle zahlen. Nach Abzug des halben Kindergeldes beträgt der Unterhalt für Lisa 398 €. Bei Marie wird zusätzlich noch das halbe Lehrlingsgehalt abgezogen, sodass ihr 248 € zustehen.*

Bei minderjährigen Kindern wird das hälftige Kindergeld vom Unterhaltsbedarf abgezogen, wenn der betreuende Elternteil das Kindergeld erhält. Andernfalls ist die Unterhaltszahlung um das halbe Kindergeld zu erhöhen. Bei volljährigen Kindern wird das Kindergeld in vollem Umfang vom Unterhaltsbedarf abgezogen.

Bei volljährigen Kindern wird schließlich in einem dritten Schritt noch ermittelt, wie sich dieser Unterhaltsanspruch auf beide Eltern aufteilt, d. h. welcher Elternteil welchen Anteil des Unterhaltsanspruchs zu zahlen hat.

Berechnung des unterhaltsrelevanten Einkommens

Die Grundlage einer Unterhaltsberechnung ist immer das „durchschnittliche bereinigte Monatsnettoeinkommen" des Zahlungspflichtigen. Es wird also zunächst ermittelt, wie viel der Unterhaltszahler monatlich netto zur Verfügung hat. Man nennt dies die Ermittlung der Leistungsfähigkeit, denn verteilt werden kann nur das, was tatsächlich auch vorhanden ist.

Bei Einkünften aus nicht selbstständiger Tätigkeit berechnet sich die Leistungsfähigkeit nach folgendem Schema:

Jahresbruttoeinkommen einschließlich aller Einmal-
zuwendungen

– gezahlte Lohn-, Kirchen- und sonstige Steuern

– Sozialabgaben (Renten-, Arbeitslosen-, Kranken- und
Pflegeversicherung)

– berufsbedingte Aufwendungen
(im Regelfall pauschal 5 %)

– angemessene Raten anerkennenswerter Kreditver-
pflichtungen oder zusätzlicher Altersvorsorge

= Jahresnettoeinkommen

Das Jahresnettoeinkommen wird durch zwölf geteilt, um
das durchschnittliche Monatsnettoeinkommen zu erhalten.

Unter „berufsbedingten Aufwendungen" versteht man Kosten, die notwendig mit der Ausübung des Berufs verbunden
sind, also etwa Ausgaben für Fachbücher, Berufskleidung,
Beiträge zu Berufsverbänden oder beruflich bedingte Fahr-
ten zwischen Wohnung und Arbeitsstätte. Um einer kleinli-
chen Rechnerei vorzubeugen, können diese Kosten nach der
Rechtsprechung der meisten Oberlandesgerichte mit einer
Pauschale von 5 Prozent vom Monatsnettoeinkommen –
höchstens aber monatlich 150 Euro – angesetzt werden,
wenn solche Aufwendungen überhaupt anfallen.

Unterhaltsrelevantes Einkommen (Steuerklasse I)

Jahresbruttoeinkommen	60.200,64 €
LSt	– 13.942,00 €
Soli	– 611,54 €
RV + AV gesamt	– 7.026,58 €
Jahresnettoeinkommen	= 38.620,52 €

1/12	= 3.218,38 €
KV-Eigenanteil	– 257,40 €
PflV-Eigenanteil	– 35,10 €
Monatsnettoeinkommen	= 2.925,88 €
5% berufsbedingte Aufwendungen	– 146,29 €
Unterhaltsrelevantes Einkommen	= 2.779,59 €

Bei Selbstständigen gilt im Prinzip das gleiche Schema. Hier muss nur gesondert ermittelt werden, wie hoch die Altersvorsorge- und Krankenversicherungszahlungen sind, da Selbstständige nicht in der gesetzlichen Renten- bzw. Krankenversicherung sind.

Achtung:

Bei Freiberuflern können berufsbedingte Aufwendungen nicht zusätzlich berücksichtigt werden, weil alle entsprechenden Kosten bereits bei der Ermittlung des Gewinns abgesetzt worden sind.

Unterhaltsanspruch bei Ausbildung

Der Unterhaltsanspruch des Kindes umfasst die Kosten einer optimalen begabungsbezogenen Berufsausbildung. Geschuldet wird von den Eltern dabei eine ihnen wirtschaftlich zumutbare Ausbildung. Dies ist insbesondere dann zu klären, wenn die Ausbildung für die Eltern unvorhersehbar lange dauert, z. B. Weiterbildung (Abitur – Lehre – Studium), oder wenn die Eltern sich bei beengten Mitteln aufgrund ihres Alters auf die Sicherung des eigenen Auskommens konzentrieren müssen.

Der Verpflichtung der Eltern steht die Pflicht der Kinder gegenüber, ihre Ausbildung mit gehörigem Fleiß und Zielstrebigkeit zu betreiben und diese innerhalb der üblichen Dauer zu beenden.

Zum Ausbildungsanspruch ergeben sich zahlreiche Einzelfragen. Tendenziell wird bei jüngeren Kindern ein weniger strenger Maßstab an Zielstrebigkeit und Fleiß etc. gesetzt.

▸ Berufswahl

Bei minderjährigen Kindern bestimmen die Sorgeberechtigten über Ausbildung und Beruf. Hierbei ist insbesondere auf die Neigungen des Kindes Rücksicht zu nehmen. Volljährige Kinder bestimmen über ihr Berufsziel selbst. Auf Wünsche der Eltern kommt es nicht an. Die gewählte Ausbildung muss jedoch geeignet sein, den späteren Lebensunterhalt zu sichern.

Ungeeigneter Beruf

Das Kind Lisa leidet seit früher Kindheit an zahlreichen Lebensmittelallergien. Sie möchte eine Ausbildung zur Köchin beginnen. Hier ist bereits jetzt abzusehen, dass sie den Beruf nicht wird ausüben können.

▸ Eignung für den gewählten Beruf

Eine Eignung für den gewählten Beruf ist dann anzunehmen, wenn der bisherige schulische Werdegang einen erfolgreichen Abschluss erwarten lässt. Abwegige Berufswünsche, die mit den Anlagen und Fähigkeiten des Kindes nicht übereinstimmen, müssen nicht finanziert werden. Bei Verlust der Studienberechtigung an einer Universität wegen zweimaligen Nichtbestehens einer Zwischenprüfung entfällt i. d. R. ein weiterer Anspruch auf Ausbildungsunterhalt.

▸ Dauer

Die Ausbildung muss nach dem Schulabschluss zeitnah begonnen und zielgerichtet durchgeführt werden. Nach Abschluss der Schule wird jedoch eine angemessene Orientierungsphase zugebilligt. Diese wird von vielen Gerichten mit einem Jahr angesetzt.

Bei erheblicher Überschreitung der Regelstudienzeit entfällt der Unterhaltsanspruch. Soweit ein Auslandssemester, auch bei Verlängerung der Studienzeit, für die Berufsausbildung sinnvoll ist, müssen die Eltern dies bei guten Einkommensverhältnissen finanzieren.

Der für einen Studiengang maßgebliche Studienplan muss eingehalten werden.

Die Eltern sind nur dann verpflichtet, ein fachfremdes „Parkstudium" zu finanzieren, wenn sie damit einverstanden waren. Ansonsten müssen Wartezeiten mit einer Erwerbstätigkeit überbrückt werden.

▸ Weiterbildung

Eine angemessene Ausbildung umfasst auch die Kosten einer Weiterbildung. Hierzu zählt insbesondere der Ausbildungsweg Schule – Lehre – Studium, soweit ein enger zeitlicher und fachlicher Zusammenhang besteht. Zur Frage des fachlichen Zusammenhangs gibt es eine umfangreiche Rechtsprechung. Als Richtschnur hat der Bundesgerichtshof angegeben: Ein einheitlicher Werdegang besteht, wenn bei Beginn der Lehre der Weg zum Studium geplant und mit zumindest einem Elternteil besprochen wurde und die Ausbildungsabschnitte aneinander anschließen.

Grundsätzlich besteht jedoch kein Anspruch auf eine fachfremde Zweitausbildung. Ausnahmen bestehen u. a., wenn die Ausbildung auf einer Fehleinschätzung der Eltern beruht oder die Eltern auf den Abschluss der Ausbildung bestanden, obwohl sich die falsche Berufswahl bald herausgestellt hatte.

Sonder- und Mehrbedarf

Die Beträge nach der Düsseldorfer Tabelle decken nur den laufenden regulären Bedarf des Kindes. Nicht in diesen Beträgen enthalten sind der sog. Sonder- und Mehrbedarf.

Bei Mehrbedarf handelt es sich um regelmäßig anfallende erhöhte Kosten. Die Kosten müssen einen Umfang haben, der durch den laufenden Unterhalt nicht gedeckt werden kann. Typische Fälle sind Nachhilfestunden oder Kosten einer Privatschule.

Im Gegenzug dazu liegt Sonderbedarf bei unregelmäßigen. außergewöhnlich hohen Kosten vor, d. h. in der Regel bei einmaligen Zahlungen. Der Anfall darf nicht voraussehbar sein. Hierzu zählen z. B. Klassenfahrten, kieferorthopädische Behandlungen, Säuglingserstausstattung. Bei Planbarkeit müssen ggf. Rücklagen aus dem laufenden Unterhalt gebildet werden.

Für beide Bedarfsarten haften die Eltern anteilig nach ihrem Einkommen.

Auswirkung einer neuen Ehe bzw. weiterer Kinder

Für die Unterhaltspflicht kommt es nur darauf an, wie viel der Unterhaltspflichtige verdient. Sein neuer Partner kann so viel verdienen, wie er/sie will – der Verdienst wird nicht mitgerechnet. Der unterhaltspflichtige Vater kann daher z. B. eine reiche Frau heiraten, ohne dass sich dadurch der Kindesunterhalt erhöht.

Sämtliche Kinder eines Unterhaltspflichtigen sind untereinander gleichberechtigt, egal ob aus erster Ehe, zweiter Ehe oder unehelich. Sie stehen auf der gleichen Unterhaltsstufe.

Allerdings führt die Geburt weiterer Kinder i. d. R. zu einer Verringerung des Kindesunterhalts für die älteren Kinder, weil dann niedrigere Sätze nach der Düsseldorfer Tabelle anzuwenden sind. Somit erhalten alle Kinder weniger. Der Düsseldorfer Tabelle liegt der Fall zugrunde, dass eine Unterhaltspflicht gegenüber zwei Personen besteht (ein Ex-Ehegatte und ein Kind; oder zwei Kinder). Sind mehr als zwei Unterhaltsberechtigte vorhanden, so ist der Unterhalt einer niedrigeren Einkommensgruppe zu entnehmen. Die Düsseldorfer Tabelle sieht eine Herabsetzung um eine Einkommensgruppe je zusätzlichem Unterhaltsberechtigtem vor.

Minderjährige Kinder und ihnen gleichgestellte volljährige (z. B. Schüler) stehen somit auf Rang 1 der Unterhaltsberechtigten. Auf Rang 2 folgen Elternteile, die ein minderjähriges Kind betreuen, sowie Ehegatten aus einer Ehe von langer Dauer. Auf Rang 3 stehen alle sonstigen Ehegatten. Im 4. Rang folgen nicht gleichgestellte Volljährige, z. B. Studenten.

Rangordnung

Simon war bisher seiner Ehefrau Vera und seinem volljähri-
gen, studierenden Sohn Ralf unterhaltspflichtig. Mit der
neuen Partnerin Sandra bekommt er Zwillinge. Die minder-
jährigen Zwillinge stehen im ersten Rang vor beiden Frauen
und Ralf. Im 2. Rang steht Sandra, die die minderjährigen
Kinder betreut, und je nach Ehedauer die geschiedene Ehe-
frau. Erst an dritter Stelle folgt nun Ralf.

Folgen bei unregelmäßiger Zahlung oder Zahlungsverweigerung

Bei Zahlungsunregelmäßigkeiten kann das Jugendamt beraten und unterstützen. Bei Unsicherheiten, wenn der Unterhaltspflichtige gar nicht oder unregelmäßig zahlt, ist es aber auch sinnvoll, sich an einen Anwalt zu wenden.

Achtung:

Es sollte nicht zu lange gewartet werden, bis Beratung und Unterstützung in Anspruch genommen werden. Unterhalt kann nämlich grundsätzlich nur für die Zukunft gefordert werden.

Wurde also in der Vergangenheit zu wenig oder gar kein Unterhalt bezahlt und wurde dagegen nichts unternommen, kommt der Pflichtige billig davon: Er muss nichts nachzahlen!

Der Unterhaltspflichtige kann aufgefordert werden, beim zuständigen Jugendamt eine Urkunde (Vollstreckungstitel) errichten zu lassen. Das ist kostenlos. Eine Urkunde kann nur für Kindesunterhalt für Kinder bis 21 Jahre errichtet werden. Wird die Jugendamtsurkunde erstellt, hat der Unterhaltsberechtigte einen Vollstreckungstitel in Händen, mit dem die Zwangsvollstreckung betrieben werden kann.

Wenn der Unterhaltpflichtige nicht freiwillig zum Jugendamt geht, bleibt nur der Weg zum Gericht. Befindet sich der Pflichtige im Verzug, kann man seine Gerichts- und Anwaltskosten bei ihm als Verzugsschaden geltend machen. Man sollte den Pflichtigen deshalb schriftlich (per Einschreiben/Rückschein) zur Erstellung einer Jugendamtsurkunde auffordern und ihm eine bestimmte Frist (zwei bis drei Wochen) setzen.

Besteht bereits ein Unterhaltstitel (Urteil oder Jugendamtsurkunde), kann der Unterhaltsberechtigte die Zwangsvollstreckung, z. B. Gehaltspfändung, betreiben.

Wechselmodell

Eine Abweichung vom Modell „Bar- und Naturalunterhalt" besteht, wenn beide Eltern das Kind in gleichem Rahmen betreuen. Maßgeblich ist hier, dass bei keinem Elternteil der Schwerpunkt der tatsächlichen Förderung und Fürsorge liegt und keiner die Hauptverantwortung trägt. Dies wird in der Regel nur bei exakten 50:50-Regelungen der Fall sein. Am einfachsten ist es in diesen Fällen, wenn sich die Eltern gegenseitig von Unterhaltsansprüchen freistellen, also jeder in der Zeit, in der das Kind bei ihm ist, für dieses aufkommt. Tun sie dies nicht, wird der Kindesunterhalt in der Regel wie bei Volljährigen nach Quoten berechnet. Hat ein Elternteil kein Einkommen, so wird der andere durch einen Abschlag des Tabellenunterhalts entlastet.

Eine lediglich weitgehende Umgangsregelung, z. B. 35 % Aufenthalt beim Vater, berechtigt in der Regel nicht zu Unterhaltskürzungen.

Auf den Punkt gebracht

▸ Kindesunterhalt richtet sich nach der Düsseldorfer Tabelle.

▸ Unterhalt zzgl. Krankenkassenbeiträge schuldet der Elternteil, der das Kind nicht betreut.

▸ Bei volljährigen Kindern haften die Eltern anteilig für den Unterhalt.

▸ Der Unterhalt kann kostenlos in einer Jugendamtsurkunde tituliert werden.

Krankenversicherung

Ohne nähere Begrenzung werden Kinder bis zur Vollendung des 18. Lebensjahres in der Familienversicherung als anspruchsberechtigt berücksichtigt.

Kinder bis zur Vollendung des 23. Lebensjahres sind familienversichert, wenn sie nicht erwerbstätig sind, Kinder bis zur Vollendung des 25. Lebensjahres, wenn sie sich in Schul- oder Berufsausbildung befinden.

Ein besonderer Ausschlusstatbestand besteht, wenn der mit den Kindern verwandte Ehegatte oder eingetragene Lebenspartner des Mitglieds nicht Mitglied einer Krankenkasse ist und sein Gesamteinkommen im Monat regelmäßig ein Zwölftel der Jahresarbeitsentgeltgrenze übersteigt und höher als das Gesamteinkommen des Mitglieds ist. Bei Renten wird der Zahlbetrag berücksichtigt.

Dieser Ausschluss gilt auch dann, wenn die verheirateten Eltern getrennt leben. Dies ist nicht verfassungswidrig.

Ist das Kind über den anderen Elternteil privat krankenversichert, ergeben sich oft Probleme bei der Abrechnung. Arztkosten müssen zunächst vom betreuenden Elternteil bezahlt werden. Die Erstattung erhält jedoch zunächst der andere Elternteil als Vertragspartner der Krankenkasse.

Tipp:
Es sollte durch Vollmacht geregelt werden, dass der betreuende Elternteil direkt mit der Krankenkasse abrechnen kann.

Auf den Punkt gebracht

▸ Grundsätzlich haben Kinder bis zur Vollendung des 18. Lebensjahres Anspruch auf Familienversicherung.

▸ Ist ein Elternteil (Ehegatte oder eingetragene Lebenspartner) privat versichert und verdient er deutlich mehr als der andere, so kann das Kind nur privat über diesen Elternteil versichert werden.

Welche Rechte habe ich am Arbeitsplatz?

Mutterschutz

Geltungsbereich

Das Mutterschutzgesetz gilt für alle Frauen, die in einem Arbeitsverhältnis stehen. Es gilt nicht für Hausfrauen, Selbstständige, Organmitglieder und Geschäftsführerinnen juristischer Personen oder Gesellschaften. Es gilt für Teilzeitbeschäftigte, Hausangestellte, Heimarbeiterinnen und Frauen, die sich noch in der beruflichen Ausbildung befinden, wenn das Ausbildungsverhältnis auf einem Arbeitsvertrag beruht. Auch auf Frauen in sozialversicherungsfreien Arbeitsverhältnissen (geringfügige Beschäftigung) findet das Mutterschutzgesetz grundsätzlich Anwendung. Weder die Staatsangehörigkeit noch der Familienstand spielen eine Rolle. Entscheidend ist, dass die Frau ihren Arbeitsplatz in der Bundesrepublik Deutschland hat.

Für Beamtinnen gelten besondere Regelungen, die im Beamtenrecht festgelegt sind.

Für Frauen, die befristete Verträge abgeschlossen haben, z. B. im Rahmen eines Aushilfs-, Teilzeit- oder Leiharbeitsverhältnisses, gilt das Mutterschutzgesetz, solange das befristete Arbeitsverhältnis besteht. Wenn das Arbeitsverhältnis jedoch mit Ablauf der Befristung endet, endet grundsätzlich auch der Mutterschutz.

Bei Probearbeitsverhältnissen kommt es darauf an, ob sie befristet abgeschlossen werden oder ob es sich um die

Probezeit im Rahmen eines unbefristeten Arbeitsverhältnisses handelt – wovon im Zweifel auszugehen ist.

Ausbildungsverhältnisse sind in der Regel befristete Arbeitsverhältnisse. Sie enden mit Bestehen der Abschlussprüfung.

Dies gilt grundsätzlich auch bei Schwangerschaft. Ausnahmsweise wird das Ausbildungsverhältnis verlängert, wenn die Auszubildende die Abschlussprüfung nicht besteht. Sie kann auch vor der Abschlussprüfung beantragen, dass die Ausbildungszeit verlängert wird, wenn die Verlängerung z. B. wegen Fehlzeiten durch die Schwangerschaft erforderlich ist, um das Ausbildungsziel zu erreichen.

Achtung:

Damit das Unternehmen die Mutterschutzbestimmungen einhalten kann, sollen Frauen dem Unternehmen ihre Schwangerschaft und den mutmaßlichen Tag der Entbindung mitteilen, sobald ihnen diese Tatsachen bekannt sind. Tun sie dies nicht, so gelten die Schutzvorschriften erst ab dem Zeitpunkt, zu dem das Unternehmen von der Schwangerschaft erfährt.

Bei Bewerbungen während der Schwangerschaft muss die Frau ihre Schwangerschaft auch auf Befragen der Arbeitgeberin bzw. des Arbeitgebers hin nicht offenbaren. Dies gilt auch für die befristete Einstellung.

Kündigungsschutz

Vom Beginn der Schwangerschaft an bis zum Ablauf von vier Monaten nach der Entbindung ist die Kündigung des Arbeitsverhältnisses durch das Unternehmen bis auf wenige Ausnahmen unzulässig. Das bedeutet, dass die Arbeitgeberin bzw. der Arbeitgeber während dieser Zeit auch nicht zu einem danach liegenden Termin kündigen darf. Das Kündigungsverbot gilt nur dann, wenn dem Unternehmen zum Zeitpunkt der Kündigung die Schwangerschaft oder die Entbindung bekannt war oder sie ihm innerhalb von zwei Wochen nach Zugang der Kündigung mitgeteilt wird (am besten per Einwurfeinschreiben). Wenn die Zweiwochenfrist unverschuldet versäumt und die Mitteilung unverzüglich nachgeholt wird, gilt auch danach das Kündigungsverbot. Die Schwangerschaft muss bei Zugang der Kündigung bereits bestehen. Wird die Frau erst nach Zugang der Kündigung schwanger, so gilt das Kündigungsverbot nicht.

Unzulässig ist sowohl die außerordentliche als auch die ordentliche Kündigung des Arbeitsverhältnisses.

Nimmt die Mutter nach der Geburt des Kindes Elternzeit, so verlängert sich der Kündigungsschutz über die Frist des Mutterschutzgesetzes (vier Monate nach der Entbindung) hinaus bis zum Ablauf der Elternzeit.

Die Frau selbst ist an das Kündigungsverbot nicht gebunden.

Tipp:

Wenn eine Kündigung akut droht und man dem Arbeitgeber daher die Schwangerschaft mitteilt, sollten dafür gesorgt werden, dass diese Mitteilung notfalls auch bewiesen werden kann. Es kommt nämlich durchaus vor, dass der Arbeitgeber nach Ausspruch einer Kündigung während der Schwangerschaft behauptet, er habe zur Zeit der Kündigung gar nichts von der Schwangerschaft gewusst.

Schutz für Mutter und Kind am Arbeitsplatz

Die Arbeitgeberin bzw. der Arbeitgeber muss eine werdende oder stillende Mutter während der Schwangerschaft und nach der Entbindung so beschäftigen und ihren Arbeitsplatz einschließlich der Maschinen, Werkzeuge und Geräte so einrichten, dass sie vor Gefahren für Leben und Gesundheit ausreichend geschützt ist.

Das Unternehmen hat es werdenden oder stillenden Müttern während der Pausen und, wenn es aus gesundheitlichen Gründen erforderlich ist, auch während der Arbeitszeit zu ermöglichen, sich in einem geeigneten Raum auf einer Liege auszuruhen.

Werdende Mütter dürfen außerdem nicht mit schweren körperlichen Arbeiten und nicht mit Tätigkeiten beschäftigt werden, bei denen sie schädlichen Einwirkungen von gesundheitsgefährdenden Stoffen oder Strahlen, Staub, Gasen oder Dämpfen, Hitze, Kälte oder Nässe, Erschütterungen oder Lärm ausgesetzt sind. Auch beim Umgang mit

Druckluft, Röntgenstrahlen und radioaktiven Stoffen schützen besonders Vorschriften die werdende und stillende Mutter.

Akkord- und Fließbandarbeit mit vorgeschriebenem Arbeitstempo sind für Schwangere und stillende Mütter verboten.

Werdende und stillende Mütter dürfen nicht in Nachtarbeit (zwischen 20:00 und 6:00 Uhr), nicht an Sonn- und Feiertagen und nicht mit Mehrarbeit beschäftigt werden.

Sie dürfen nicht mehr als 8 1/2 Stunden täglich oder 90 Stunden pro Doppelwoche, Frauen unter 18 Jahren täglich höchstens acht Stunden oder 80 Stunden in der Doppelwoche arbeiten.

Das Mutterschutzgesetz enthält neben den allgemeinen Beschäftigungsverboten auch ein individuelles Beschäftigungsverbot für den Einzelfall. Voraussetzung für dieses individuelle Beschäftigungsverbot ist ein entsprechendes ärztliches Zeugnis.

Einkommen/Mutterschutzlohn

Setzt eine Frau wegen eines allgemeinen oder individuellen Beschäftigungsverbots ganz oder teilweise vor Beginn und nach Ende der Schutzfrist mit der Arbeit aus oder setzt das Unternehmen die werdende Mutter auf einen anderen zumutbaren Arbeitsplatz um, braucht sie trotzdem keine finanziellen Nachteile zu befürchten. Sie behält mindestens ihren bisherigen Durchschnittsverdienst (Mutterschutzlohn).

Der Mutterschutzlohn muss wenigstens der Höhe des Durchschnittsverdienstes der letzten 13 Wochen oder bei monatlicher Entlohnung der letzten drei Monate vor Eintritt der Schwangerschaft entsprechen.

Schutzfristen

Die Schutzfrist beginnt sechs Wochen vor der Entbindung und endet im Normalfall acht Wochen, bei medizinischen Frühgeburten oder bei Mehrlingsgeburten zwölf Wochen nach der Entbindung.

Bei einer Frühgeburt sowie bei einer sonstigen vorzeitigen Entbindung verlängert sich nach der Geburt die Schutzfrist um den Zeitraum, der vor der Geburt nicht in Anspruch genommen werden konnte.

Wird der errechnete Geburtstermin überschritten, so verkürzt sich die Schutzfrist nach der Entbindung nicht. Sie beträgt ebenfalls acht bzw. zwölf Wochen.

Schutzfrist

Errechneter Geburtstermin 27.02.2011. Beginn Schutzfrist damit 16.01.2011, Ende 24.04.2011. Kommt das Kind dann erst am 02.03.2011 zur Welt, endet die Schutzfrist am 27.04.2011.

Ab sechs Wochen vor der Geburt ihres Kindes darf die werdende Mutter nur noch dann beschäftigt werden, wenn sie selbst ausdrücklich erklärt hat, dass sie weiterarbeiten möchte. Es steht ihr frei, diese Entscheidung jederzeit zu widerrufen.

Während der Schutzfrist nach der Entbindung besteht ein absolutes Beschäftigungsverbot. In dieser Zeit dürfen Frauen auch dann nicht beschäftigt werden, wenn sie dazu bereit wären.

Stillende Mütter

Auch stillende Mütter dürfen mit bestimmten Gefahrstoffen nicht arbeiten, nicht zu Akkord- und Fließbandarbeiten herangezogen und nicht mit bestimmten, körperlich schweren oder belastenden Arbeiten beschäftigt werden.

Eine Frau, die stillt, kann nach Wiederaufnahme ihrer Arbeit Stillpausen während der Arbeitszeit beanspruchen.

Die Zeit zum Stillen ist durch das Mutterschutzgesetz gesichert: mindestens zweimal täglich eine halbe Stunde oder einmal pro Tag eine Stunde. Bei einer zusammenhängenden Arbeitszeit von mehr als acht Stunden soll auf Verlangen der Frau zweimal eine Stillzeit von mindestens 45 Minuten oder, wenn in der Nähe der Arbeitsstätte keine Stillgelegenheit vorhanden ist, einmal eine Stillzeit von mindestens 90 Minuten gewährt werden.

Ein Verdienstausfall darf durch die Stillzeit nicht eintreten.

Teilzeitarbeit

Teilzeitarbeit in der Elternzeit

Die zulässige Teilzeitarbeit während der Elternzeit darf 30 Wochenstunden nicht übersteigen.

Über die Verringerung der Arbeitszeit sollen sich Arbeitnehmer und Arbeitgeber innerhalb von vier Wochen einigen. Ist eine Einigung nicht möglich, besteht ein Anspruch auf Verringerung der Arbeitszeit während der Elternzeit, wenn folgende Voraussetzungen erfüllt sind:

▸ Der Arbeitgeber beschäftigt, Auszubildende nicht mitgerechnet, in der Regel mehr als 15 Arbeitnehmer.

▸ Das Arbeitsverhältnis des Arbeitnehmers in demselben Betrieb oder Unternehmen besteht ohne Unterbrechung länger als sechs Monate.

▸ Die vertraglich vereinbarte regelmäßige Arbeitszeit soll für mindestens drei Monate auf einen Umfang zwischen 15 und 30 Wochenstunden verringert werden.

▸ Dem Anspruch stehen keine dringenden betrieblichen Gründe entgegen.

▸ Der Anspruch wurde dem Arbeitgeber sieben Wochen vorher schriftlich mitgeteilt.

Falls der Arbeitgeber die beanspruchte Verringerung der Arbeitszeit ablehnen will, muss er dies innerhalb von vier Wochen mit schriftlicher Begründung tun. Soweit der Arbeitgeber der Verringerung der Arbeitszeit nicht oder nicht rechtzeitig zustimmt, können die Eltern vor dem Arbeitsgericht klagen.

Die Verringerung der Arbeitszeit kann während der Gesamtdauer der Elternzeit höchstens zweimal von jedem Elternteil beansprucht werden. Eine erstmalige Verringerung der Arbeitszeit liegt bereits vor, wenn z. B. aus einer Vollzeittätigkeit in Elternzeit gegangen und eine Teilzeittätigkeit beantragt und genehmigt wird. Wird die Antragsfrist versäumt, muss der Antrag nachgeholt und der Termin für den Beginn der veränderten Arbeitszeit entsprechend verschoben werden.

Wird bereits vor der Elternzeit eine Teilzeitbeschäftigung bis zur zulässigen Grenze von 30 Wochenstunden ausgeübt, kann diese Teilzeitbeschäftigung ohne einen Antrag unverändert fortgesetzt werden.

Teilzeitarbeit nach der Elternzeit

Nach Ablauf der Elternzeit greift nur der allgemeine Teilzeitanspruch nach § 8 TzBfG.

Grundsätzlich hat jeder Arbeitnehmer Anspruch auf eine Verringerung der Arbeitszeit, wenn er länger als sechs Monate in einem Betrieb beschäftigt ist, das Unternehmen mehr als 15 Beschäftigte (abzüglich der Auszubildenden) hat und keine betrieblichen Gründe entgegenstehen.

Betriebliche Gründe, die einer Teilzeitarbeit entgegenstehen, können sich aus der innerbetrieblichen Organisation, der Organisation des Arbeitsablaufs oder aus Kostengründen ergeben. Daran knüpft das Bundesarbeitsgericht aber hohe Anforderungen. Der Arbeitgeber muss ein Arbeitszeitkonzept darlegen, das von vernünftigen und plausiblen wirtschaftlichen oder unternehmenspolitischen Gründen getragen wird. Er muss also begründen, warum eine Teilzeittätigkeit des Arbeitnehmers dem Konzept des Unternehmens widerspricht. Hier werden das Interesse des Arbeitnehmers, also die Notwendigkeit der Kinderbetreuung, und die Interessen des Arbeitgebers gegeneinander abgewogen.

Folgende Vorgehensweise sollte eingehalten werden:

▸ Der Arbeitnehmer sollte den Anspruch auf Teilzeit mindestens drei Monate vor Beginn (am besten schriftlich) geltend machen und dabei auch die Verteilung der Arbeitszeit angeben, also ob an einigen Tage der Woche voll und an anderen gar nicht gearbeitet werden kann.

▸ Der Arbeitgeber hat spätestens einen Monat vor dem gewünschten Beginn schriftlich eine Entscheidung mitzuteilen. Unterlässt er diese schriftliche Mitteilung, dann verringert sich die Arbeitszeit automatisch auf das gewünschte Maß. Dies gilt genauso für die gewünschte Verteilung der Arbeitszeit. Der Arbeitgeber kann aber die Verteilung der Arbeitszeit wieder ändern, wenn das betriebliche Interesse das Interesse des Arbeitnehmers überwiegt.

▸ Sollte der Arbeitgeber die Teilzeit fristgemäß schriftlich ablehnen, dann sollte Klage beim Arbeitsgericht auf Zustimmung zur Reduzierung der Arbeitszeit erwogen werden.

Ein Urteil des Landesarbeitsgerichts Schleswig-Holstein dürfte einigen berufstätigen Eltern den Wiedereinstieg ins Berufsleben erleichtern:

> Ein Arbeitgeber darf einer Mitarbeiterin nach deren Elternzeit den Wunsch nach Teilzeitarbeit nicht einfach abschlagen. Das gilt auch dann, wenn die gewünschte Arbeitszeit nicht dem im Betrieb üblichen Wechsel von Vormittags- und Nachmittagsschichten entspricht. Dies entschied das Landesarbeitsgericht Schleswig-Holstein in einem einstweiligen Verfügungsverfahren.
>
> (Az.: 3 SaGa 14/10)

Wenn das Kind erkrankt

Die Rechte eines Arbeitnehmers regelt zunächst der jeweilige Arbeitsvertrag. Manche Arbeitgeber gewähren bezahlten Urlaub, wenn das Kind erkrankt ist.

Ist dies nicht der Fall, so greift die gesetzliche Regelung. Diese besagt, dass ein Arbeitnehmer an etwa fünf Tagen bezahlten Urlaub von seinem Arbeitgeber verlangen kann, wenn das Kind krank ist. Diese Regelung kann im Arbeitsvertrag jedoch so weit ausgeschlossen werden, dass nur unbezahlter Urlaub gewährt werden muss.

Gesetzlich Krankenversicherte haben zudem einen Anspruch auf Kinderpflegekrankengeld für zehn Tage im Jahr, wenn sie ihrer Arbeit wegen der Krankheit ihres Kindes nicht nachkommen können (§ 45 SGB V). Gibt es mehrere Kinder im Haushalt, so steigt der Anspruch auf Kinderpflegekrankengeld auf höchstens 25 Tage im Jahr.

Achtung:

Alleinerziehende können bei einem Kind für 20 Tage, bei mehreren Kindern für höchstens 50 Tage im Jahr Kinderpflegekrankengeld beanspruchen (§ 45 Abs. 2 SGB V).

Väter und Mütter dürfen bei ihrem kranken Kind bleiben und erhalten Kinderpflegekrankengeld, wenn

▸ das Kind jünger als zwölf Jahre ist,

▸ der Arzt ein entsprechendes Attest ausgestellt hat,

▸ eines Kindes des Ehegatten/der Ehegattin oder des eingetragenen Lebenspartners/der eingetragenen Lebenspartnerin mit Zustimmung des sorgeberechtigten Elternteils,

▸ eines Kindes, das sie in Vollzeitpflege aufgenommen haben, mit Zustimmung des sorgeberechtigten Elternteils,

▸ eines Kindes, das sie mit dem Ziel der Adoption aufgenommen haben,

▸ eines Enkelkindes, Bruders, Neffen oder einer Schwester oder Nichte bei schwerer Krankheit, Schwerbehinderung oder Tod der Eltern.

Für den Anspruch auf Elternzeit gelten die folgenden Voraussetzungen:

▸ Das Kind lebt mit im selben Haushalt.

▸ Der Anspruchsberechtigte übernimmt überwiegend die Betreuung und Erziehung des Kindes.

▸ Die Wochenarbeitszeit während der Elternzeit beträgt nicht mehr als 30 Wochenstunden.

Der Anspruch auf Elternzeit besteht unabhängig vom Wohnsitz oder gewöhnlichen Aufenthalt des Anspruchsberechtigten, sofern das bestehende Arbeitsverhältnis deutschem Arbeitsrecht unterliegt.

Sind beide Eltern erwerbstätig, steht es ihnen frei, wer von ihnen Elternzeit nimmt und für welche Zeiträume. Jedem Elternteil stehen drei Jahre Elternzeit zu – unabhängig davon, wie der Partner die Elternzeit nutzt. Die Elternzeit kann ganz oder teilweise von einem Elternteil allein in

Anspruch genommen werden. Die Eltern können die Elternzeit aber auch untereinander aufteilen und sich bei der Elternzeit abwechseln. Wenn die Eltern wollen, können sie Anteile der Elternzeit oder aber die gesamte dreijährige Elternzeit vollständig gemeinsam nutzen (also nicht etwa nur gemeinsame 1 1/2 Jahre).

Mütter und Väter haben je einen Anspruch auf Elternzeit bis zur Vollendung des dritten Lebensjahres des Kindes. Ein Anteil von bis zu zwölf Monaten der maximal dreijährigen Elternzeit kann auch auf die Zeit bis zum achten Geburtstag des Kindes übertragen werden, wenn die Arbeitgeberseite zustimmt. Die Elternzeit kann von jedem Elternteil in zwei Zeitabschnitte aufgeteilt werden. Eine weitere Aufteilung ist mit Zustimmung der Arbeitgeberseite möglich.

Die Eltern können den Beginn ihrer Elternzeit jeweils frei wählen. Die Mutterschutzfrist wird aber grundsätzlich auf die mögliche dreijährige Gesamtdauer der Elternzeit der Mutter angerechnet. Die Elternzeit des Vaters kann nach der Geburt des Kindes bereits während der Mutterschutzfrist für die Mutter beginnen.

Möchten sich die Eltern in der Elternzeit abwechseln, gilt Folgendes: Die Mutter möchte während des ersten und dritten Lebensjahres des Kindes, der Vater für das zweite Lebensjahr Elternzeit nehmen. In diesem Fall muss die Mutter die Elternzeit für das erste Jahr sieben Wochen vor Ablauf der Mutterschutzfrist beantragen, die Elternzeit für das dritte Lebensjahr muss sie aber erst sieben Wochen vor deren Beginn verbindlich festlegen. Der Vater muss in diesem Fall seine Elternzeit auch erst sieben Wochen vor ihrem Beginn schriftlich verlangen.

> ### Elternzeit nur für die Mutter
>
> *Geburt des Kindes 20.03.2009: Ende der Mutterschutzfrist
> 15.05.2009, Beginn der Elternzeit für die Mutter damit am
> 16.05.2009, Ende der Elternzeit am 19.03.2012*
>
> ### Geteilte Elternzeit
>
> *Die Mutter nimmt für das erste Lebensjahr des Kindes allein
> Elternzeit. Ab dem 2. Lebensjahr bis zur Vollendung des 3.
> Lebensjahres nehmen Vater und Mutter gemeinsam Eltern-
> zeit. Die Mutter hat ihren Anspruch auf Elternzeit voll aus-
> geschöpft, der Vater könnte seine „Restzeit" (Geburt bis
> 1. Geburtstag) noch auf die Zeit nach dem 3. Lebensjahr bis
> zum 8. Lebensjahr übertragen.*

Elterngeld

Ein Anspruch auf Elterngeld besteht für nach dem 1. Ja-
nuar 2007 geborene oder zur Adoption aufgenommene
Kinder, somit für leibliche Kinder, Adoptivkinder, Stiefkin-
der oder Kinder des eingetragenen gleichgeschlechtlichen
Lebenspartners, wenn das Kind im gemeinsamen Haushalt
lebt.

Weitere Voraussetzung ist, dass der betreuende (Stief-)El-
ternteil gar nicht oder nicht mehr als 30 Wochenstunden
arbeitet.

Die Eltern können wählen, welcher Elternteil wie lange
Elterngeld erhalten soll. Die Förderung besteht jedoch
längstens vom Tag der Geburt bis zur Vollendung des 14.
Lebensmonats des Kindes. Ein Elternteil erhält die Förde-

rung jedoch höchstens für zwölf Monate. Wollen die Eltern somit die vollen 14 Monate ausschöpfen, muss der andere Elternteil mindestens zwei Monate Elterngeld in Anspruch nehmen.

Seit 2009 gilt eine Mindestbezugszeit von zwei Monaten. Jeder Elternteil, der sich dann um die Kindererziehung kümmert, muss also mindestens zwei Monate seine Berufstätigkeit beenden oder einschränken. Bislang erfüllten berufstätige Mütter diese Bedingung oft schon durch den Mutterschutz und den Vätern stand es frei, beispielsweise nur einen Monat in Elternzeit zu gehen. Die Neuregelung bindet die Väter stärker mit ein.

Tipp:
Elterngeld wird rückwirkend nur für drei Monate bezahlt. Damit also keine Ansprüche verloren gehen, muss der Antrag spätestens drei Monate nach der Geburt bzw. nach der Aufnahme des Adoptivkindes bei der Elterngeldstelle eingegangen sein.

Nur in Ausnahmefällen kann ein Elternteil allein die vollen 14 Monate Elterngeld erhalten. Dies ist dann möglich, wenn diesem Elternteil die elterliche Sorge allein zusteht und der andere Elternteil weder mit ihm noch mit dem Kind in einer Wohnung lebt oder die Betreuung des Kindes durch den anderen Elternteil unmöglich ist, z. B. wegen Tod, schwerer Krankheit oder Freiheitsentzug. Weitere Voraussetzung ist, dass vor der Geburt eine Erwerbstätigkeit ausgeübt wurde und diese entweder ganz aufgegeben oder auf maximal 30 Stunden reduziert wird.

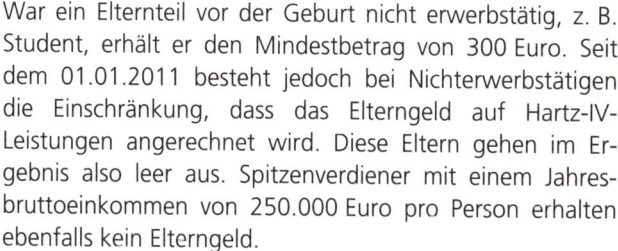

Achtung:

Alleinerziehende mit alleinigem Sorgerecht können bis zu 14 Monate lang Elterngeld erhalten.

War ein Elternteil vor der Geburt nicht erwerbstätig, z. B. Student, erhält er den Mindestbetrag von 300 Euro. Seit dem 01.01.2011 besteht jedoch bei Nichterwerbstätigen die Einschränkung, dass das Elterngeld auf Hartz-IV-Leistungen angerechnet wird. Diese Eltern gehen im Ergebnis also leer aus. Spitzenverdiener mit einem Jahresbruttoeinkommen von 250.000 Euro pro Person erhalten ebenfalls kein Elterngeld.

Das Elterngeld kann auch als „halbes Elterngeld" auf 24 bzw. 28 Monate gestreckt werden. Die monatliche Zahlung reduziert sich dann um die Hälfte.

Das Elterngeld beträgt pro Monat 67 % der Einkommenseinbuße, mindestens jedoch 300 und maximal 1.800 Euro. Ab 01.01.2011 reduziert sich das Elterngeld bei Nettoeinkommen über 1.240 Euro auf 65 %. Liegt das Einkommen vor der Geburt unter 1.000 Euro, gilt ein höherer Prozentsatz.

Für die Berechnung der Einkommenseinbuße wird das Durchschnittseinkommen der letzten zwölf Monate vor der Geburt zugrunde gelegt.

Elterngeldberechnung

Die alleinerziehende Mutter Verena hatte vor der Geburt ihres ersten Kindes ein Erwerbseinkommen von monatlich 2.400 € brutto:

Vor der Geburt des Kindes Josef fand die Steuerklasse I Anwendung. Das für das Elterngeld maßgebliche Einkommen nach Abzug von Steuern, Sozialabgaben und Werbungskosten liegt bei 1.410 €. Nach der Geburt besteht ein Anspruch auf Elterngeld in Höhe von knapp 920 €. Zusätzlich hat Verena nun einen Anspruch auf Wohngeld sowie Leistungen nach dem Unterhaltsvorschussgesetz. Als echte Alleinerziehende erhält sie diese Leistung über 14 Monate.

! Tipp:

Da für die Berechnung des letzten Einkommens das Nettoeinkommen herangezogen wird, sollten Ehepaare die Möglichkeit einer günstigen Lohnsteuerklassenwahl nutzen. Hatte also vorher ein Elternteil die ungünstige Steuerklasse V, so empfiehlt sich ggf. der Wechsel beider Eheleute in Steuerklasse IV, um das Nettoeinkommen des künftig die Kinder betreuenden Elternteils zu erhöhen.

Seit 2009 werden viele junge Männer, die Wehr- und Zivildienst leisten oder geleistet haben, besser gestellt. Hatten sie vor dem Dienst ein eigenes Einkommen, wird dieses zur Berechnung des Elterngeldes herangezogen, die Wehr- oder Zivildienstzeiten werden zu ihren Gunsten nicht berücksichtigt.

Elterngeld muss schriftlich beantragt werden. Es müssen folgende Unterlagen eingereicht werden:

▸ Nachweise zum Nettoeinkommen

▸ Geburtsurkunde des Kindes

▸ Bescheinigung über Mutterschaftsgeld der Krankenkasse

▸ Bescheinigung des Arbeitgeberzuschusses zum Mutterschaftsgeld

▸ bei Beamten: Bescheinigung des Dienstherrn über die Weitergewährung von Dienstbezügen während der Mutterschutzfrist

▸ Arbeitszeitbestätigung des Arbeitgebers, falls nach der Geburt eine Teilzeittätigkeit ausgeübt wird

▸ Erklärung über die Arbeitszeit bei Selbstständigen

Auf den Punkt gebracht

▸ Während der Elternzeit kann bis zu 30 Stunden gearbeitet werden.

▸ Alleinerziehende können in Ausnahmefällen bis zu 14 Monate Elterngeld erhalten.

▸ Elterngeld wird nur rückwirkend für drei Monate bezahlt.

▸ Zur Berechnung des Elterngeldes wird das Nettoeinkommen der letzten zwölf Monate vor Geburt herangezogen. Es sollte also ggf. rechtzeitig in eine günstigere Steuerklasse gewechselt werden.

Wie steht es um meine finanzielle Situation?

Alleinerziehende stehen finanziell oft schlechter da als Mütter und Väter, die ihre Kinder gemeinsam großziehen. Glücklicherweise versucht der Staat, den Betroffenen mit bestimmten Regelungen, Vergünstigungen und Zuschüssen unter die Arme zu greifen.

Welcher Unterhalt steht mir zu?

Sind aus einer Partnerschaft gemeinsame Kinder hervorgegangen, so hat der betreuende Elternteil Anspruch auf den sog. Betreuungsunterhalt, wenn er infolge der Kinderbetreuung keiner Erwerbstätigkeit nachgehen kann.

Trennungs- und Ehegattenunterhalt

Nach der Reform des Unterhaltsrechts zum 01.01.2008 ist der nacheheliche Ehegattenunterhalt in allen Bereichen stärker auf das Wohl und die Interessen minderjähriger gemeinsamer Kinder ausgerichtet. Gleichzeitig wird die nacheheliche Eigenverantwortung der Ehegatten im Gegensatz zur sog. nachehelichen Solidarität hervorgehoben. Mit anderen Worten: Sind gemeinsame betreuungsbedürftige Kinder vorhanden, bestehen grundsätzlich Ehegattenunterhaltsansprüche.

Weiter geht der Gesetzgeber seit dem 01.01.2008 davon aus, dass sämtliche nacheheliche Unterhaltsansprüche, sei es wegen Betreuung gemeinsamer Kinder, wegen Aufstockung, Ausbildung, Krankheit oder wegen Alters, zeitlich und/oder betragsmäßig zu begrenzen sind. Nur wenn der unterhaltsberechtigte Ehegatte darlegen und beweisen kann, dass er nicht wiedergutzumachende, ehebedingte Nachteile erlitten hat, ist ein Unterhaltsanspruch zeitlich und/oder betragsmäßig unbegrenzt zuzusprechen. Selbst wenn ehebedingte Nachteile nicht eingetreten sind, kann es sein, dass eine sehr lange Ehedauer (mehr als 20 Jahre) zu einer gesteigerten nachehelichen Solidarität führt, die einer Befristung des Unterhaltsanspruchs entgegensteht.

Ehebedingter Nachteil

Fritz und Susanne lernen sich während des Maschinenbaustudiums kennen und heiraten. Es kommen zwei Kinder, Maria und Josef, zur Welt. Susanne bricht daraufhin das Studium ab, um sich der Kindererziehung widmen zu können. Nach 17 Jahren trennen sich Fritz und Susanne. Susanne hat während der Ehe nicht gearbeitet.

Ohne Eheschließung und Kindererziehung hätte Susanne ihr Studium abgeschlossen und Vollzeit im erlernten Beruf gearbeitet. Dies ist ihr nun nicht mehr möglich. Somit liegt ein ehebedingter Nachteil vor.

Weiterer Eckpunkt der Unterhaltsreform ist die Vorverlagerung der Erwerbspflicht des betreuenden Elternteils. Das bedeutet, dass von einer betreuenden Mutter erwartet wird, dass sie ab Vollendung des 3. Lebensjahres des Kindes einer stundenweisen Tätigkeit nachgeht, sofern eine verlässliche Betreuung des Kindes gewährleistet ist. Der Unterhaltsanspruch wird nun nicht mehr nach einem Altersphasenmodell ausgestaltet, sondern es muss vom Gericht im Einzelfall geprüft werden, wie lange ein Kind fremdbetreut werden kann. Die jüngere Rechtsprechung des BGH bestätigt die Tendenz, dass vorhandene Betreuungsmöglichkeiten voll ausgeschöpft werden müssen, um einer Erwerbstätigkeit nachgehen zu können. Dies ist nur dann nicht der Fall, wenn Belange des Kindeswohls, z. B. Therapie oder gesundheitliche Einschränkungen, eine umfassendere Betreuung erfordern. Nicht zu vergessen ist dabei, dass die Belange des Kindes stets im Vordergrund stehen und etwa eine trennungsbedingte verstärkte Betreuungsbedürftigkeit sowie die Wahrnehmung von Erziehungsaufgaben und Betreuung für musische sowie sportliche Betätigungen der Kinder einer (teilweisen) Erwerbstätigkeit entgegenstehen können. Strikte Altersregeln wollte der Gesetzgeber nicht aufnehmen, sodass hier die Erwerbsmöglichkeit stets im Einzelfall zu prüfen ist. Dies wird auch von der Anzahl der zu betreuenden Kinder abhängen.

Leben die Eheleute länger als ein Jahr getrennt, ohne geschieden zu werden, gelten für den Trennungsunterhalt zunehmend die Grundsätze für den nachehelichen Ehegattenunterhalt: Neben dem Elementarunterhalt besteht ab Einleitung eines Scheidungsverfahrens für den Unterhaltsberechtigten die Möglichkeit, einen Anspruch auf Altersvorsorgeunterhalt geltend zu machen. Dieser dient zur Einzahlung in eine Rentenversicherung. Mit Rechtshängigkeit des Scheidungsantrags endet der Zeitraum für die Berechnung des Versorgungsausgleichs. Rentenanwartschaften werden also nur bis zu diesem Zeitpunkt ausgeglichen. Da somit ab Rechtshängigkeit des Scheidungsantrags die Teilhabe an der Altersvorsorge des jeweils anderen Ehegatten entfällt, besteht insoweit die Möglichkeit, die eventuelle eintretende Lücke bei der Altersvorsorge des unterhaltsberechtigten Ehegatten zu schließen. Der Altersvorsorgeunterhalt ist zweckentsprechend zu verwenden und dem Unterhaltspflichtigen entsprechend nachzuweisen.

Altersvorsorgeunterhalt

Die Eheleute Martin und Frieda leben seit dem 01.01.2009 getrennt. Seinerzeit ist der Ehemann ausgezogen. Die Ehefrau bleibt mit den beiden vier und sechs Jahre alten Kindern in der Ehewohnung. Der Ehemann reicht am 02.01.2010 die Scheidung bei Gericht ein. Der Scheidungsantrag wird der Ehefrau am 10.01.2010 zugestellt. Ab 31.12.2009 nimmt die Ehefrau an der Altersvorsorge des Mannes nicht mehr über den Versorgungsausgleich teil und muss selbst für ihre künftige Rente sorgen. Ihr ist dringend zu empfehlen, Altersvorsorgeunterhalt geltend zu machen.

Vereinbarungen über den nachehelichen Ehegattenunterhalt sind grundsätzlich zulässig, bedürfen aber, sofern sie vor rechtskräftiger Scheidung getroffen werden, der notariellen Beurkundung oder einer Protokollierung im Rahmen eines gerichtlichen Verfahrens.

Auf den Punkt gebracht

▸ Nachehelicher Unterhalt kann begrenzt und zeitlich befristet werden.

▸ Ab Vollendung des 3. Lebensjahres des Kindes besteht eine Pflicht zur Erwerbstätigkeit, wenn eine Betreuung möglich ist.

> ▸ Bei nachehelichem Unterhalt müssen ehebedingte Nachteile nachgewiesen werden.
>
> ▸ Ab Rechtshängigkeit der Scheidung sollte Altersvorsorgeunterhalt geltend gemacht werden.

Unterhalt nach § 1615l BGB

Sind aus der nicht ehelichen Lebensgemeinschaft ein oder mehrere Kinder hervorgegangen, besteht neben der Unterhaltsverpflichtung des nicht betreuenden Elternteils für die Kinder auch ein Unterhaltsanspruch des betreuenden Elternteils gemäß § 1615l BGB (Unterhaltsanspruch von Mutter und Vater aus Anlass der Geburt). Danach ist der Vater gegenüber der Mutter für die Dauer von sechs Wochen vor und acht Wochen nach der Geburt des Kindes unterhaltspflichtig. Darüber hinaus bestehen Betreuungsunterhaltsansprüche, solange und soweit wegen der Pflege oder Erziehung des Kindes eine Erwerbstätigkeit von der Mutter nicht erwartet werden kann. In der Regel gelten insoweit die zum nachehelichen Ehegattenunterhalt dargestellten Erwerbspflichten des betreuenden Elternteils (S. 63). Mit Wegfall der Betreuungsbedürftigkeit des Kindes endet dieser Unterhaltsanspruch.

Bei der Höhe des Unterhalts ist zu unterscheiden, ob der betreuende Elternteil mit dem Unterhaltspflichtigen eine Lebensgemeinschaft gebildet hat. Ist dies der Fall, berechnen sich die Unterhaltsansprüche ähnlich wie beim nachehelichen Ehegattenunterhalt. Haben die Eltern dagegen noch nie zusammengelebt, ist Maßstab für die Höhe des Unterhaltsanspruchs des betreuenden Elternteils dessen

Einkunftssituation vor der Geburt des Kindes. Allerdings wird dieser Unterhaltsanspruch dann auf den Betrag begrenzt, der sich ergeben würde, wenn die Parteien zusammengelebt hätten.

War die Mutter zunächst verheiratet und stammt aus dieser Ehe bereits ein betreuungsbedürftiges minderjähriges Kind und hat die Mutter mit ihrem nicht ehelichen Lebenspartner ein weiteres Kind zur Welt gebracht, stehen die Unterhaltsansprüche der Mutter gegen den geschiedenen Ehemann sowie gegen den nicht ehelichen Lebensgefährten in Konkurrenz. Beide Väter haften für den Unterhaltsanspruch der Mutter nach ihren jeweiligen Einkommensverhältnissen. Hierbei ist zu berücksichtigen, dass die Mutter – hätte sie kein Kind aus der neuen Partnerschaft – nach dem neuen Unterhaltsrecht vermutlich keinen oder nur noch einen geringeren Unterhaltsanspruch, der zudem in aller Regel zu befristen wäre, gegen den geschiedenen Ehemann hätte. Insoweit ist in diesen Fällen dann eine überwiegende Unterhaltsverpflichtung des nicht ehelichen Lebenspartners gegeben. Daneben ist gesondert zu beurteilen, ob und ggf. in welchem Umfang eine verfestigte Lebensgemeinschaft mit dem nicht ehelichen Lebenspartner vorliegt, was schließlich zu einem gänzlichen Ausschluss des Unterhaltsanspruchs gegen den geschiedenen Ehemann führen kann.

Unterhalt für die Vergangenheit

Unterhalt für vergangene Zeiträume kann nur gefordert werden, wenn sich der Unterhaltsschuldner in Verzug befindet. Er sollte auf alle Fälle schriftlich aufgefordert werden, entweder einen bestimmten Unterhaltsbetrag zu bezahlen oder Auskunft über die Höhe seiner Einkünfte sowie über sein Vermögen zu erteilen.

Tipp:

Machen Sie Unterhalt unmittelbar nach der Trennung geltend und verlangen Sie umfassende Auskunft.

Neue Partnerschaft des Berechtigten

Nacheheliche Ehegattenunterhaltsansprüche können versagt oder zeitlich und/oder betragsmäßig begrenzt werden, wenn der unterhaltsberechtigte Ehegatte mit einem neuen Partner in einer verfestigten Lebensgemeinschaft lebt. Eine derartige Verfestigung ist frühestens dann gegeben, wenn diese Beziehung mehr als zwei Jahre besteht bzw. wenn sich sonst konkrete Anhaltspunkte für ein gemeinsames Füreinander-Einstehen, beispielsweise der gemeinschaftliche Erwerb einer Immobilie, abzeichnen.

Auf den Punkt gebracht

▸ Unterhalt sollte unmittelbar nach der Trennung geltend gemacht werden.

▸ Nachehelicher Unterhalt kann bei neuer Partnerschaft entfallen.

▸ Der Unterhaltsanspruch der nicht ehelichen Mutter/ des nicht ehelichen Vaters orientiert sich am zuvor erzielten Einkommen.

Welche steuerlichen Vergünstigungen habe ich?

Der Gesetzgeber will das Kinderkriegen attraktiver machen. Er tut dies über staatliche Zuwendungen und steuerliche Gestaltungsmöglichkeiten. Die häufigsten werden in den nachfolgenden Abschnitten dargestellt.

Viele Steuervorteile werden nur dann gewährt, wenn Anspruch auf Kindergeld (siehe S. 73) besteht. Solche steuerlichen Vorteile sind z. B.:

▸ Erziehungsfreibetrag

▸ Steuerermäßigung bei Kirchensteuer und Solidaritätszuschlag

▸ Entlastungsbetrag für Alleinerziehende

▸ Ausbildungsfreibetrag

▸ Sonderausgabenabzug für Schulgeld für den Besuch bestimmter Privatschulen

Kinderfreibetrag

Die Freibeträge für Kinder (Kinderfreibetrag + Erziehungsfreibetrag) wirken sich nicht auf den monatlichen Lohnsteuerabzug aus, da stattdessen das Kindergeld bezahlt wird. Die Kinder werden jedoch auf der Lohnsteuerkarte eingetragen, da die Freibeträge die monatliche Kirchensteuer und den Solidaritätszuschlag mindern.

Hinsichtlich des Anspruchs auf die Freibeträge gelten die gleichen Voraussetzungen wie beim Anspruch auf Kindergeld. Die Freibeträge gibt es nur für die Monate, in denen die Anspruchsvoraussetzungen wenigstens an einem Tag erfüllt sind.

Hinweis:

Der Kinderfreibetrag beträgt seit 2002 3.648 Euro, ab 2009 3.864 Euro, ab 2010/2011 4.368 Euro.

Bei den Freibeträgen gilt grundsätzlich das Halbteilungsprinzip: Nach der Trennung oder Scheidung stehen jedem Elternteil für ein gemeinsames Kind grundsätzlich die halben Freibeträge zu. Allerdings kann der Erziehungsfreibetrag von einem Elternteil auf den anderen übertragen werden. Beim Kinderfreibetrag geht dies nur in Ausnahmefällen, z. B. kann sich der betreuende Elternteil den Kinderfreibetrag übertragen lassen, wenn der andere Elternteil seiner Unterhaltspflicht nicht nachkommt.

Entlastungsbetrag für Alleinerziehende

Der Gesetzgeber will alleinerziehende Eltern finanziell unterstützen. Er gewährt daher einen Entlastungsbetrag für Alleinerziehende in Höhe von 1.308 Euro.

Diesen erhalten nur Eltern, die ihr Kind tatsächlich allein erziehen. Hier wird also auf die gesetzliche Definition von „alleinerziehend" abgestellt. Unverheiratete Eltern, die zusammenleben, oder ein Elternteil, der mit einem neuen Partner zusammenwohnt, erhalten diese Vergünstigung nicht. Die Finanzverwaltung geht beim Zusammenleben mit einer volljährigen Person rigide von einer Haushaltsgemeinschaft aus, also auch, wenn der alleinerziehende Elternteil mit seinen Geschwistern zusammenlebt. Ferner wird der Vorteil nicht gewährt, wenn die verheirateten Eltern zwar getrennt leben, im Jahr der Trennung aber noch gemeinsam steuerlich veranlagt werden.

Ausbildungsfreibetrag für ein Kind ab 18 Jahren

Für ein volljähriges Kind wird ein „Freibetrag zur Abgeltung eines Sonderbedarfs bei Berufsausbildung", der sog. Ausbildungsfreibetrag, in Höhe von 924 Euro pro Jahr gewährt, wenn für das Kind ein Anspruch auf Kindergeld besteht, sich das volljährige Kind in Berufsausbildung befindet und hierfür auswärtig untergebracht ist.

Dies ist z. B. der Fall, wenn das Kind

▸ in einem Internat oder Heim lebt,

▸ bei Verwandten wohnt oder

▸ in einer eigenen Wohnung lebt, auch wenn sich diese im Elternhaus befindet.

Erzielt das Kind eigene Einkünfte, die den Betrag von 1.848 Euro im Jahr übersteigen, reduziert sich der Ausbildungsfreibetrag.

Schulgeld für eine Privatschule

Schulgeld für eine private Schule kann in Höhe von 30 % der Aufwendungen als Sonderausgaben berücksichtigt werden, wenn für das Kind ein Anspruch auf Kindergeld oder Kinderfreibetrag besteht, es eine Privatschule besucht und diese zu den begünstigten Schulen zählt. Für inländische Schulen ist dies in § 10 Abs. 1 Nr. 9 EStG geregelt.

Geltend gemacht werden können Aufwendungen, die die Schule für den normalen Schulbetrieb in Rechnung stellt, also Lehrmittel, Personalkosten etc., nicht jedoch Kosten für Unterbringung und Verpflegung.

Steuerklassenzuordnung

Alleinerziehende können für die Lohnsteuerkarte Steuerklasse II beantragen. Der andere Elternteil hat dann Steuerklasse I. Praktizieren die Eltern ein Wechselmodell, erhält derjenige Steuerklasse II, der das Kindergeld erhält.

Auf den Punkt gebracht

▸ Steuervorteile sind an den Anspruch auf Kindergeld geknüpft.

▸ Freibeträge für Alleinerziehende erhalten nur Elternteile, die nicht mit einem anderen Erwachsenen zusammenleben.

Welche staatlichen Zuschüsse kann ich erhalten?

Der Staat fördert Familien mit dem Kindergeld und den Freibeträgen für Kinder (Kinderfreibetrag + Erziehungsfreibetrag).

Gerade bei volljährigen Kindern wird häufig Geld verschenkt, weil kein Kindergeldantrag gestellt wird.

Kindergeld

Bei einem minderjährigen Kind genügt allein das Kindschaftsverhältnis, um Anspruch auf Kindergeld zu haben. Auf die Staatsangehörigkeit kommt es nicht an.

Als Kind im steuerlichen Sinne zählt ein im ersten Grad verwandtes Kind. Dies kann ein leibliches oder ein Adoptivkind sein. Obwohl zu einem Stiefkind kein Verwandtschaftsverhältnis besteht, kann man Kindergeld erhalten, wenn das Kind des Ehepartners im gemeinsamen Haushalt lebt. Der andere leibliche Elternteil muss in diesem Fall auf die Auszahlung gegenüber der Kindergeldkasse verzichten.

Mit dem Ausfüllen der „Anlage Kind" in der Steuererklärung wird sichergestellt, dass die Steuervorteile berücksichtigt werden. Den Ausgleich von Kindergeld und Freibetrag nimmt das Finanzamt nach der sog. Günstigerprüfung vor. Dabei wird der Steuervorteil aus den Freibeträgen ermittelt und mit dem ausbezahlten Kindergeld verglichen. Ergibt sich aus der Günstigerprüfung, dass der kindbedingte Steuervorteil aufgrund des Freibetrags höher ist als das Kindergeld, so wird dem Steuerpflichtigen dieser überschießende Betrag ausgezahlt. Im umgekehrten Fall bleibt es beim Kindergeld.

Kindergeld bei volljährigen Kindern

Bei volljährigen Kindern wird Kindergeld nur gewährt, wenn bestimmte Voraussetzungen erfüllt sind. Für ein über 18 Jahre altes Kind kann bis zur Vollendung des 25. Lebensjahres weiter Kindergeld beantragt werden, wenn es sich in einer Berufsausbildung befindet. Die Ausbildungsmaßnahmen müssen auf ein bestimmtes Berufsziel ausgerichtet sein und notwendige, nützliche oder förderliche Kenntnisse, Fähigkeiten und Erfahrungen für die Ausübung des angestrebten Berufs vermitteln. Zur Berufsausbildung gehören

▸ der Besuch allgemeinbildender Schulen,

▸ die betriebliche Ausbildung,

▸ eine weiterführende Ausbildung sowie

▸ die Ausbildung für einen weiteren Beruf.

Die Kindergeldzahlung endet spätestens mit dem Ende des Schuljahres, in dem das Kind seine Abschlussprüfung bestanden hat. Bei Kindern in betrieblicher Ausbildung oder im Studium endet die Zahlung mit dem Monat, in dem das Kind vom Gesamtergebnis der Prüfung offiziell schriftlich unterrichtet worden ist, auch wenn der Ausbildungsvertrag für längere Zeit abgeschlossen war oder das Kind nach der Abschlussprüfung an der (Fach-)Hochschule noch immatrikuliert bleibt.

Wird die Ausbildung wegen Erkrankung oder Mutterschaft nur vorübergehend unterbrochen, wird das Kindergeld grundsätzlich weitergezahlt. Dies gilt jedoch nicht für Unterbrechungszeiten wegen Kinderbetreuung nach Ablauf der Mutterschutzfristen (z. B. Elternzeit). Kindergeld wird auch für eine Übergangszeit (Zwangspause) bis zu vier Kalendermonaten gezahlt (z. B. zwischen Schulabschluss und Beginn der Berufsausbildung, vor und nach dem Wehr- bzw. Zivildienst oder einem entsprechenden Ersatzdienst, wenn sich tatsächlich eine weitere Berufsausbildung anschließt).

Über das 25. Lebensjahr hinaus wird für Kinder in Schul- oder Berufsausbildung oder im Studium Kindergeld gezahlt, wenn sie

▸ den gesetzlichen Grundwehr- oder Zivildienst geleistet haben,

▸ sich freiwillig für nicht mehr als drei Jahre zum Wehrdienst verpflichtet haben,

▸ eine vom Grundwehr- bzw. Zivildienst befreiende Tätigkeit als Entwicklungshelfer ausgeübt haben.

Das Kindergeld wird jedoch nur längstens für die Dauer des gesetzlichen Grundwehr- bzw. Zivildienstes weiter gezahlt. Für die Zeit der Ableistung der genannten Dienste selbst steht den Eltern grundsätzlich kein Kindergeld zu.

Anspruch auf Kindergeld besteht außerdem für ein volljähriges Kind bis zur Vollendung des 21. Lebensjahres, wenn es nicht in einem Beschäftigungsverhältnis steht und bei einer Agentur für Arbeit im Inland oder einem anderen für Arbeitslosengeld II zuständigen Leistungsträger (Arbeitsgemeinschaft/Kommune) als Arbeitsuchender gemeldet ist. Geringfügige Tätigkeiten (Bruttoeinnahmen im Monatsdurchschnitt nicht mehr als 400 Euro) schließen den Kindergeldanspruch nicht aus. Hat das Arbeit suchende Kind vor Vollendung des 21. Lebensjahres den gesetzlichen Grundwehrdienst, Zivildienst oder einen entsprechenden Dienst abgeleistet, wird für diese Verzögerungszeit Kindergeld über das 21. Lebensjahr hinaus weitergezahlt.

Selbst wenn ein Kind, das älter als 18 Jahre ist, die oben genannten Voraussetzungen erfüllt, wird kein Kindergeld gezahlt, wenn es Einkünfte und Bezüge, mit denen es seinen Unterhalt oder seine Berufsausbildung bestreiten kann, von mehr als 7.680 Euro im Kalenderjahr hat. Bei Kindern, die ihren Wohnsitz im Ausland haben, wird der genannte Grenzbetrag gekürzt, soweit dies nach den Verhältnissen im Wohnsitzland des Kindes notwendig und angemessen ist.

Wie hoch ist das Kindergeld?

Hinweis

Die Höhe des Kindergeldes beträgt derzeit für ein erstes und zweites Kind 184 Euro, für ein drittes 190 Euro und für ein viertes Kind 215 Euro.

Welches Kind bei einem Berechtigten erstes, zweites, drittes oder weiteres Kind ist, richtet sich nach der Reihenfolge der Geburten. Das älteste Kind ist stets das erste Kind. In der Reihenfolge der Kinder zählen auch diejenigen Kinder mit, für die der Berechtigte kein Kindergeld erhalten kann, weil es einem anderen Elternteil vorrangig zusteht. Kinder, für die überhaupt kein Kindergeldanspruch mehr besteht, zählen in der Reihenfolge nicht mit.

Beispiel: Zählkinder

Anne und Martin haben zwei gemeinsame Kinder Max und Moritz. Max wurde 2000 geboren, Moritz 2002. Sie erhalten für ihre beiden Kinder zweimal 184 € Kindergeld, also 368 € insgesamt. Martin war vorher schon einmal verheiratet und hat mit seiner Ex-Ehefrau einen Sohn. Theo ist 1995 geboren worden und lebt bei seiner leiblichen Mutter.

> *Nun kann Martin mit den zwei Kindern den Zählkinder-vorteil beantragen, sofern Theo noch Kindergeld erhält (die Mutter bekommt das Kindergeld).*
>
> *Jetzt sieht die Rechnung so aus: Das erste Kind (Theo) wird als Zählkind bei der Berechnung vermerkt. Dann bekommt das zweite Kind (Max) 184 € und das dritte (Moritz) 190 €! Anne und Martin erhalten damit insgesamt 374 €.*
>
> *Der Zählkindervorteil bewirkt also, dass die Kinder in der Tabelle höher rutschen und mehr Kindergeld erhalten. Zu beachten gilt, dass das Alter der Kinder entscheidend ist. An erste Stelle kommt immer das älteste Kind.*

Wer bekommt das Kindergeld?

Für ein und dasselbe Kind kann immer nur eine Person Kindergeld erhalten. Es wird dem Elternteil gezahlt, der das Kind in seinen Haushalt aufgenommen hat. Lebt das Kind nicht im Haushalt eines Elternteils, erhält derjenige Elternteil das Kindergeld, der dem Kind laufend (den höheren) Barunterhalt zahlt. Andere Unterhaltsleistungen bleiben außer Betracht. Wird dem Kind von beiden Elternteilen kein Barunterhalt oder Barunterhalt in gleicher Höhe gezahlt, können die Eltern untereinander bestimmen, wer von ihnen das Kindergeld erhalten soll.

Eltern, die nicht dauernd getrennt leben, können untereinander durch eine Berechtigtenbestimmung festlegen, wer von ihnen das Kindergeld für ihre im gemeinsamen Haushalt lebenden Kinder erhalten soll. Dies gilt ebenso für den leiblichen und den nicht leiblichen Elternteil, etwa wenn das Kind im gemeinsamen Haushalt der Mutter und des Stiefvaters lebt. Von dieser Möglichkeit können auch nicht dauernd getrennt lebende Pflegeeltern bzw. Großeltern Gebrauch machen. Für die Berechtigtenbestimmung kann die hierfür vorgesehene Erklärung am Schluss des Antragsvordrucks verwendet werden. Die Unterschrift des anderen Elternteils reicht aus. Die Berechtigtenbestimmung bleibt wirksam, solange sie nicht widerrufen wird. Der Widerruf ist jederzeit möglich, allerdings nur für die Zukunft.

Kinderzuschlag

Kinderzuschlag wird in der Regel nur dann gezahlt, wenn die Betroffenen mit Kinderzuschlag und Wohngeld über die ALG-II-Schwelle gehoben werden. Denn durch den Kinderzuschlag soll gerade verhindert werden, dass die Betroffenen auf ALG II angewiesen sind. Diese Grundregel gilt seit Oktober 2008 für Alleinerziehende nicht mehr. Die Betroffenen können nun frei zwischen Kinderzuschlag und ALG II wählen.

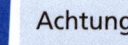

Achtung:

Alleinerziehende können frei zwischen Kinderzuschlag und ALG II wählen.

Bis dahin hatten Alleinerziehende nur äußerst selten Anspruch auf den Kinderzuschlag. Denn die Hartz-IV-Leistungen fallen für Alleinerziehende meist höher aus, da sie beim ALG II Anspruch auf Mehrbedarfszuschläge haben. Je nach Zahl und Alter der Kinder erhalten sie 12 bis 60 Prozent mehr ALG II. Im Monat kann das mehr als 200 Euro ausmachen. Neben dem Zuschlag können die Betroffenen natürlich

in jedem Fall auch die Regelsätze für ihre Kinder beanspru-
chen. Mehrbedarfszuschläge gibt es zudem auch für
Schwangere und für diejenigen, die aus gesundheitlichen
Gründen auf eine kostenaufwendige Diät angewiesen sind.

Solche Mehrbedarfszuschläge (vgl. S. 96) sind beim Kinderzuschlag nicht vorgesehen. Daher stehen Alleinerziehende
mit dem Kinderzuschlag (aber auch andere, denen beim
ALG II Zuschläge zustehen) häufig schlechter da als mit
dem ALG II und sind damit auf das ALG II angewiesen.

Unterhaltsvorschuss

Zahlt der unterhaltspflichtige Elternteil nicht oder nur un-
terhalb des Regelbedarfs nach Düsseldorfer Tabelle, so soll
das Unterhaltsvorschussgesetz Abhilfe leisten. Der Unterhaltsvorschuss ist somit eine wichtige finanzielle Hilfe für
Alleinerziehende.

Voraussetzung:

▸ Das Kind darf das zwölfte Lebensjahr noch nicht vollendet haben.

▸ Das Kind muss bei einem Elternteil leben, der ledig,
  geschieden, verwitwet oder dauernd getrennt lebend
  ist. Verheiratete Eltern gelten auch dann als dauernd
  getrennt lebend, wenn ein Elternteil wegen Krankheit,
  Behinderung oder aufgrund richterlicher Anordnung
  voraussichtlich für wenigstens sechs Monate in einer
  Anstalt untergebracht ist.

▸ Das Kind erhält nicht ausreichend, nicht regelmäßig
  oder gar keinen Unterhalt vom anderen Elternteil (§ 1
  Abs. 1 Nr. 3 UVG). Falls der andere Elternteil verstorben

ist, werden Unterhaltsvorschussleistungen gezahlt, wenn die Waisenbezüge eine bestimmte Höhe nicht erreichen.

Zuständig sind die örtlichen Jugendämter.

Es besteht die Pflicht, den Namen des Vaters zu nennen. Eine Ausnahme von dieser Pflicht besteht nur, wenn eine „beachtliche anerkennenswerte Konfliktlage" vorliegt. Das kann z. B. die Furcht vor Misshandlung oder anderen Repressalien sein. Eine Konfliktlage besteht auch dann, wenn der Vater des Kindes z. B. von Scheidung bedroht ist, selbst noch minderjährige Kinder hat und vermutlich sowieso nichts zahlen könnte.

Wenn kein glaubhafter Konflikt vorliegt, entfällt der Anspruch auf Unterhaltsvorschuss grundsätzlich.

Die Höhe des Unterhaltsvorschusses beträgt seit dem 01.01.2010 für Kinder von 0–5 Jahren 133 Euro monatlich und für Kinder von 6–12 Jahren 180 Euro monatlich. Von den genannten Unterhaltsvorschussbeträgen werden Unterhaltszahlungen des anderen Elternteils oder die Waisenbezüge, die ein Kind nach dem Tod des anderen Elternteils oder eines Stiefelternteils erhält, abgezogen.

Die Leistungen werden für längstens 72 Monate gezahlt. Mit Vollendung des 12. Lebensjahres besteht kein Anspruch auf Unterhaltsvorschuss.

Tipp:

Ab dem 6. Lebensjahr gibt es mehr Unterhaltsvorschuss. Falls möglich, sollte der Leistungsbezug in den Zeitraum 6–11 Jahre gelegt werden.

Der barunterhaltspflichtige Elternteil wird nicht von seinen Verpflichtungen befreit, wenn der Staat dem Kind Unterhaltsvorschuss zahlt. Die Unterhaltsansprüche des Kindes gegen den anderen Elternteil in Höhe des Unterhaltsvorschusses gehen auf das Land über, das diese Ansprüche geltend macht und ggf. einklagt oder vollstreckt.

Mutterschaftsgeld

Während das Mutterschutzgesetz nur für Frauen gilt, die in einem Arbeitsverhältnis stehen, können auch selbstständige und zu Beginn der Schutzfrist nicht erwerbstätige Frauen während der Schwangerschaft und nach der Geburt bei Vorliegen der jeweiligen Voraussetzungen Leistungsansprüche haben.

Die Leistungen der gesetzlichen Krankenkassen bei Schwangerschaft und Mutterschaft umfassen

▸ Vorsorgeuntersuchungen,

▸ Betreuung durch Ärzte und Hebammen,

▸ Versorgung mit Arznei-, Verband- und Heilmitteln,

▸ stationäre Entbindung,

▸ häusliche Pflege,

▸ Haushaltshilfe,

▸ Mutterschaftsgeld.

Mutterschaftsgeld wird von den gesetzlichen Krankenkassen während der Schutzfristen vor und nach der Entbindung (sechs bzw. acht Wochen) sowie für den Entbindungstag gezahlt. Das Mutterschaftsgeld kann frühestens sieben Wochen vor dem mutmaßlichen Entbindungstermin beantragt werden.

Das Mutterschaftsgeld der gesetzlichen Krankenversicherung erhalten nur die freiwillig oder pflichtversicherten Mitglieder. Privat Versicherte bekommen also kein Mutterschaftsgeld. Sie müssen sich bei ihrer Versicherung erkundigen, welche Leistungen sie aufgrund ihres Versicherungsvertrags erhalten.

Arbeitnehmerinnen, die nicht selbst Mitglied einer gesetzlichen Krankenkasse sind (z. B. privat krankenversicherte oder in der gesetzlichen Krankenversicherung familienversicherte Frauen), erhalten Mutterschaftsgeld in Höhe von insgesamt höchstens 210 Euro. Zuständig hierfür ist das Bundesversicherungsamt (Mutterschaftsgeldstelle), Friedrich-Ebert-Allee 38 , 53113 Bonn.

Die Höhe des Mutterschaftsgeldes richtet sich hier nach dem um die gesetzlichen Abzüge verminderten durchschnittlichen Arbeitsentgelt der letzten drei abgerechneten Kalendermonate.

Das Mutterschaftsgeld beträgt höchstens 13 Euro pro Tag (je nach Länge des Monats maximal 364–403 Euro). Auch geringfügig Beschäftigte, die selbst Mitglied der gesetzlichen Krankenkasse sind (z. B. Studentinnen), erhalten Mutterschaftsgeld in Höhe von bis zu 13 Euro kalendertäglich von ihrer Krankenkasse, wenn ihnen während der Schutzfristen kein Arbeitsentgelt gezahlt wird.

Übersteigt der durchschnittliche kalendertägliche Nettolohn den Betrag von 13 Euro (monatlicher Nettolohn von 390 Euro), ist die Arbeitgeberseite verpflichtet, die Differenz als Zuschuss zum Mutterschaftsgeld zu zahlen.

Das Mutterschaftsgeld und der Arbeitgeberzuschuss sind steuer- und sozialabgabenfrei. Sie werden aber in den steuerlichen Progressionsvorbehalt einbezogen.

Zuschüsse zu Gebühren für die Betreuung von Kindern

Gesetzesgrundlage dafür ist das Kinder- und Jugendhilfegesetz (KJHG), §§ 22, 23 und 90.

Falls das Kind eine Kinderkrippe/Krabbelstube, einen Kindergarten/Kinderladen oder einen Kinderhort besucht bzw. von einer Tagesmutter betreut wird, können die dafür anfallenden Gebühren abhängig vom Einkommen ganz oder teilweise vom Jugendamt übernommen werden.

Anspruch auf Übernahme der monatlichen Gebühren für die Betreuung von Kindern in Kindertageseinrichtungen (und Tagespflege – siehe unten) haben Haushalte/Familien, die im Zuständigkeitsgebiet wohnen und denen die Bezahlung der Gebühren aufgrund ihres Einkommens nicht zuzumuten ist.

Bei Kindern, die den Kindergarten besuchen, gibt es keine weitere Einschränkung. Ist das Kind unter drei Jahren oder ein Schulkind, muss diese Betreuung erforderlich sein.

Den Antrag auf Gebührenbefreiung bzw. Zuschuss für die Betreuung des Kindes in einer Kindertageseinrichtung kann man direkt bei der wirtschaftlichen Jugendhilfe stellen.

Für die Bearbeitung des Antrags werden folgende Unterlagen benötigt:

▸ Einkommensbelege für Einkünfte jeder Art der letzten drei Monate vor Antragstellung

▶ Einkommensunterlagen bei Selbstständigen – z. B. aktuelle Gewinn-und-Verlust-Rechnung, letzter Steuerbescheid

▶ Nachweise über Kosten der Unterkunft

▶ Nachweise über Ausgaben für Versicherungen

▶ Nachweise über Ausgaben für besondere Belastungen

Falls das Kind von einer Tagesmutter oder einem Tagesvater betreut wird, können die dafür anfallenden Gebühren analog den Gebühren für Kindertagesstätten übernommen werden.

Bei der Betreuung von unter 3-Jährigen oder Schulkindern ist die Kostenübernahme von der Erforderlichkeit abhängig. Die Erforderlichkeit ist dann gegeben, wenn beide Eltern bzw. der alleinerziehende Elternteil erwerbstätig sind, eine Berufsausbildung machen, ein Studium absolvieren oder sich in Umschulung befinden.

Falls das Kind an einer/m

▶ Urlaubsmaßnahme,

▶ Erholungsmaßnahme,

▶ Ferienmaßnahme,

▶ Zeltlager,

▶ Studienfahrt,

▶ Maßnahme des internationalen Jugendaustauschs

teilnimmt, die/das von Jugendverbänden oder anderen öffentlich anerkannten Trägern der Jugendarbeit durchgeführt wird, bieten viele Kommunen/Städte die Möglichkeit der Bezuschussung. Es handelt sich dann um freiwillige Leistungen, die meist einmal jährlich gewährt werden.

Wohngeld

Um überhaupt in den Genuss von Wohngeld zu kommen, müssen verschiedene Voraussetzungen erfüllt sein. Die wesentlichen Punkte dabei sind

▸ die Art des Wohnraums,

▸ die Berechtigung für den Antrag und

▸ keine Erfüllung von Ausschlussgründen.

Art des Wohnraums

Nicht für jede Wohnung wird Wohngeld gewährt, sondern es werden bestimmte Bedingungen gestellt:

▸ Der Raum/die Wohnung, für den Wohngeld beantragt wurde, muss auch tatsächlich zum Wohnen geeignet sein.

▸ Der Raum/die Wohnung muss vom Antragsteller auch wirklich bewohnt werden.

▸ Der Verfügungsberechtigte (also der Vermieter) muss den Raum/die Wohnung auch zum Wohnen freigegeben haben (sog. Verwendungszweck).

In der Praxis wird der überwiegende Teil des Wohnraums, für den Wohngeld beantragt wird, diesen Kriterien ohne Probleme gerecht. Nur in wenigen Ausnahmen greifen diese Bestimmungen, z. B. bei Asyl- und Übergangsheimen oder bei Kellerwohnungen.

Der Verwendungszweck ist ein ganz wichtiger Punkt. Bei gewerblich genutzten Räumen und/oder Wohnungen wird generell kein Wohngeld bezahlt. Ist die Nutzung einer Wohnung gemischt (also wird die Wohnung teils zum Wohnen, teils für einen Gewerbezweck genutzt), wird die Wohngeldberechnung nur für den Wohnteil erfolgen.

Anspruchsberechtigung

Es gibt zwei Personengruppen, die wohngeldberechtigt sind. Dementsprechend gibt es auch zwei Arten des Wohngeldes: den Mietzuschuss und den Lastenzuschuss.

Mietzuschuss erhalten alle,

▸ die Mieter einer Wohnung sind,

▸ die in einem dem Mietverhältnis ähnlichen Rechtsverhältnis stehen,

▸ die (in bestimmten Ausnahmefällen) Eigentümer eines Mehrfamilienhauses sind, in dem sie selbst eine Wohnung für eigene Wohnzwecke nutzen, oder

▸ die Heimbewohner sind.

Den Lastenzuschuss erhalten

▸ die Eigentümer eines Eigenheims (max. zwei Wohnungen),

▸ die Eigentümer einer Eigentumswohnung,

▸ die Eigentümer einer Kleinsiedlung oder einer sog. landwirtschaftlichen Nebenerwerbsstelle und

▸ die Inhaber eines eigentumsähnlichen Dauerwohnrechts.

Es gibt bei der Berechtigung jedoch Ausnahmen. Demnach sind nicht wohngeldberechtigt die Empfänger von

▸ ALG II, sofern darin die Kosten für die Unterkunft enthalten sind,

▸ Sozialgeld,

▸ Leistungen für Unterkunft und Heizung nach SGB II (ALG II),

▸ Übergangsgeldern in Höhe des Betrags des ALG II,

▸ Verletztengeld in Höhe des Betrags des ALG II,

▸ Grundsicherung im Alter,

▸ Grundsicherung bei Erwerbsunfähigkeit,

▸ Sozialhilfe,

▸ ergänzenden Hilfen zum Lebensunterhalt oder anderen Hilfen in stationären Einrichtungen, die den Lebensunterhalt umfassen und nach dem Bundesversorgungsgesetz gewährt werden,

▸ Leistungen in besonderen Fällen und Grundleistungen nach dem Asylbewerberleistungsgesetz,

▸ Leistungen der Kinder- und Jugendpflege in Haushalten, zu denen ausschließlich Personen gehören, die diese Leistungen empfangen.

Der Ausschluss vom Wohngeldanspruch für ALG-II-Empfänger gilt nicht, wenn das ALG II als Darlehen gezahlt wird.

Ausschlussgründe

Es gibt eine Reihe von Fällen, in denen das Wohngeld versagt wird:

▸ Bezieht man mit dem Wohngeld vergleichbare Leistungen aus öffentlichen Kassen, hat man keinen Anspruch
  auf Wohngeld. Vergleichbare Leistungen in diesem
  Sinne sind Mietbeiträge entsprechend dem Bundesum-
  zugskostengesetz oder Ausbildungsbeihilfen und Aus-
  bildungshilfen nach dem Bundesentschädigungsgesetz,
  sofern der Auszubildende alleinstehend ist oder wenn
  alle zum Haushalt zu rechnenden Familienangehörigen
  eine der Ausbildungs(bei)hilfe vergleichbare Leistungen
  erhalten.

▸ Es wird bereits Wohngeld für eine andere Wohnung
  bezahlt.

▸ Das Wohngeld ist ausschließlich als Zuschuss zur Miete
  oder Belastung gedacht und nicht als Zuschuss zum Lebensunterhalt. Das setzt voraus, dass der Lebensunterhalt selbst finanziert werden muss. Daher wird ein Mindesteinkommen vorausgesetzt. Wird dieses Mindesteinkommen nicht erreicht, kann ein Wohngeldanspruch
  verneint werden, auch wenn sonst alle Voraussetzungen
  zutreffen würden und man dem Prinzip nach Anspruch
  hätte. Das notwendige Mindesteinkommen kann man
  sich allein nach der folgenden Formel ausrechnen:

Sozialhilferegelsatz + Miete + Nebenkosten
= Mindesteinkommen

Der Regelsatz beläuft sich bei einem Alleinstehenden
auf 359 Euro, bei einem Paar auf jeweils 323 Euro pro

Person. Zu den Nebenkosten gehören auch die Strom- und Heizungskosten, aber auch die Beiträge zur gesetzlichen Krankenversicherung.

▸ Wohngeld unter 10 Euro

▸ missbräuchliche Inanspruchnahme

▸ Entgegen der landläufigen Meinung hat das Vermögen und dessen Höhe im Normalfall keine Bedeutung für einen Wohngeldanspruch. Theoretisch (und auch praktisch) kann jemand, der 40.000 Euro besitzt, dennoch Wohngeld beanspruchen und auch erhalten. Allerdings sind Einnahmen aus dem Vermögen, also z. B. die Zinsen, auf das Wohngeld anzurechnen. Diese Zinsen werden im Antrag oftmals nicht mit angegeben, was häufig zu Rückforderungen führt, wenn dies durch den Abgleich mit anderen Behörden aktenkundig wird.

Demnach könnten auch Millionäre einen Anspruch auf Wohngeld haben. Dies ist jedoch nicht richtig. Im Wohngeldgesetz heißt es, dass eine missbräuchliche Inanspruchnahme des Wohngelds versagt wird. Dieser Passus findet in Sachen Vermögen dann Anwendung, wenn ein beträchtliches Vermögen vorhanden ist. Die Höhe des zulässigen Vermögens ist seit 01.01.2009 erstmals geregelt. Danach gelten folgende Höchstgrenzen: 60.000 Euro für das erste zu berücksichtigende Haushaltsmitglied und 30.000 Euro für jedes weitere zu berücksichtigende Haushaltsmitglied.

Unter Umständen besteht auch Anspruch auf die Zuweisung einer Sozialwohnung. Zuständig ist das örtliche Wohnungsamt. Um in eine öffentlich geförderte Wohnung einziehen zu können, benötigt man einen sog. Wohnungsberechtigungsschein. Dabei ist es wichtig, die besondere

Dringlichkeit der Wohnungssuche herauszustellen, da die Vergabe meist nach Dringlichkeitsstufen vorgenommen wird. Werdende Mütter und Alleinerziehende werden bevorzugt.

> **Achtung:**
> Bei der Vermittlung einer Sozialwohnung über das kommunale Wohnungsamt besteht in der Regel kein Einfluss auf die Wahl des Stadtteils oder der Wohngegend, auch wenn berufliche oder familiäre Gründe (z. B. Kindertagesstätte) bestehen.

Sozialhilfe/ALG II

Das Arbeitslosengeld II ist die Grundsicherungsleistung für erwerbsfähige Hilfebedürftige.

Abweichend von der offiziellen Bezeichnung „ALG II" hat sich in der Öffentlichkeit verbreitet der Name „Hartz IV" durchgesetzt. Ursprünglich wurde mit diesem Schlagwort jedoch ein umfangreiches Gesetz bezeichnet, das nur zum Teil die Grundsicherung beinhaltet. Mit „Hartz IV" in der populären Bedeutungsvariante ist neben dem ALG II auch das Sozialgeld gemeint.

Berechtigte Personen

Leistungen nach dem SGB II erhalten Personen, die

▸ das 15. Lebensjahr vollendet und die Altersgrenze nach § 7a noch nicht erreicht haben,

▸ erwerbsfähig sind,

▸ hilfebedürftig sind und

▸ ihren gewöhnlichen Aufenthalt in der Bundesrepublik Deutschland haben.

Leistungen erhalten auch Personen, die mit erwerbsfähigen Hilfebedürftigen in einer Bedarfsgemeinschaft leben.

Keine Leistungen nach dem SGB II erhalten Personen, die

▸ in einer (voll)stationären Einrichtung untergebracht sind (Ausnahmen: Krankenhaus-/Rehaaufenthalt von voraussichtlich weniger als sechs Monaten oder Freigänger),

▸ Vermögen haben, das die gesetzlichen Vermögensgrenzen übersteigt,

▸ sich ohne vorherige Zustimmung des persönlichen Ansprechpartners außerhalb des zeit- und ortsnahen Bereichs aufhalten (z. B. Auslandsaufenthalt),

▸ als Auszubildende nach dem Bundesausbildungsförderungsgesetz (BAföG) oder nach den §§ 60–62 SGB III zumindest dem Grunde nach förderungsfähig sind,

▸ Altersrente nach dem SGB VI beziehen oder erwerbsgemindert sind. Letztere Personen haben bei dauerhafter voller Erwerbsminderung Anspruch auf Grundsicherung im Alter und bei Erwerbsminderung; bei befristeter voller Erwerbsminderung haben sie Anspruch auf Hilfe zum Lebensunterhalt, sofern jeweils die Voraussetzungen zum Bezug erfüllt sind.

Hilfebedürftigkeit wird auch angenommen bei Erwerbstätigen, die aufgrund ihres geringen Erwerbseinkommens ohne zusätzliche Sozialleistungen nicht auskommen könnten, oder bei Arbeitslosengeldempfängern mit besonders geringem ALG I, sog. Aufstockern.

Vorrangig vor dem ALG-II-Anspruch ist aber immer ein eventueller Wohngeldanspruch, sofern dieser allein die Hilfebedürftigkeit beseitigen kann (siehe S. 85).

Bedarfsgemeinschaft

Eine Bedarfsgemeinschaft bilden die Mitglieder eines Haushalts, deren individueller Bedarf – unter Berücksichtigung der finanziellen Verhältnisse der anderen Mitglieder der Bedarfsgemeinschaft – festgestellt wird. Auch ein allein wohnender erwerbsfähiger Hilfebedürftiger wird als Bedarfsgemeinschaft angesehen. Zu der Bedarfsgemeinschaft gehören

▸ erwerbsfähige Hilfebedürftige,

▸ die im Haushalt lebenden Eltern oder ein im Haushalt lebender Elternteil eines unverheirateten, erwerbsfähigen Kindes, das das 25. Lebensjahr noch nicht vollendet hat, und der im Haushalt lebende Partner dieses Elternteils,

▸ der nicht dauernd getrennt lebende Ehegatte,

▸ der nicht dauernd getrennt lebende Lebenspartner,

▸ eine Person, die mit dem erwerbsfähigen Hilfebedürftigen in einem gemeinsamen Haushalt so zusammenlebt, dass nach verständiger Würdigung der wechselseitige Wille anzunehmen ist, Verantwortung füreinander zu tragen und füreinander einzustehen,

▸ die dem Haushalt angehörenden unverheirateten Kinder der in den ersten drei Punkten genannten Personen, wenn die Kinder das 25. Lebensjahr noch nicht vollendet haben und ihren Lebensunterhalt nicht aus eigenem Einkommen oder Vermögen sichern können.

Bedarfsgemeinschaft

Mutter Sarah trennt sich von ihrem Partner und zieht mit den gemeinsamen Kindern Axel und Sophie zu ihren Eltern. Dort zieht auch Sarahs neuer Freund mit ein. Alle Erwachsenen und Kinder bilden sozialrechtlich eine Bedarfsgemeinschaft, auch wenn der neue Partner mit keinem verwandt ist.

Leben Hilfebedürftige zusammen mit Verwandten oder Verschwägerten, so wird von Gesetzes wegen vermutet, dass sie von ihnen Leistungen erhalten, soweit dies nach deren Einkommen und Vermögen erwartet werden kann. Ist die Vermutung falsch, muss sie der Hilfebedürftige widerlegen, indem er den Gegenbeweis führt. Die gesetzliche Vermutung bewirkt also eine Beweislastumkehr. Von dem Hilfebedürftigen kann aber nicht mehr an Beweisen verlangt werden, als er tatsächlich erbringen kann. Untermietverhältnisse, Wohngemeinschaften oder die Wohnungsstellung durch Arbeitgeber (etwa im Gastgewerbe) sind keine Bedarfsgemeinschaften.

Nachrangigkeit

Die Grundsicherungsleistungen nach dem SGB II sind grundsätzlich nachrangig gegenüber anderen Sozialleistungen. Deshalb muss derjenige, der andere Sozialleistungen in Anspruch nehmen und dadurch seine Hilfsbedürftigkeit vermeiden, beseitigen, verkürzen oder verringern kann, diese Sozialleistungen auch beantragen. Weigert sich ein Hilfeempfänger, den für den Bezug der anderen Leistung erforderlichen Antrag zu stellen, so kann statt seiner auch die Behörde den Antrag stellen oder Rechtsbehelfe gegen versagende Bescheide einlegen.

Auf diese Weise ist auch eine „Zwangsverrentung" möglich, also die Beantragung einer Altersrente gegen den Willen des Hilfeempfängers. Das ist für den Hilfeempfänger unter Umständen dann nachteilig, wenn mit der vorzeitigen Altersrente ein dauerhafter Rentenabschlag verbunden ist. Dies gilt nicht, solange der Hilfeempfänger das 63. Lebensjahr noch nicht vollendet hat.

Antrag

Das Arbeitslosengeld II wird nur auf Antrag gewährt. Da die Leistungen der Grundsicherung nicht für Zeiten vor der Antragstellung erbracht werden, sollte umgehend ein Antrag gestellt werden, falls Einkommen nicht oder nicht ausreichend zu erwarten ist. Die Behörde muss den Antrag auch dann entgegennehmen und bearbeiten, wenn sie ihn in der Sache für unzulässig oder unbegründet hält. Anträge, die bei einem nicht zuständigen Leistungsträger oder bei einer für die Sozialleistung nicht zuständigen Gemeinde gestellt werden, sind von dieser Stelle unverzüglich an den zuständigen Leistungsträger weiterzuleiten. Der Antrag gilt bereits als zu dem Zeitpunkt gestellt, in dem er bei dem nicht zuständigen Leistungsträger eingegangen ist.

Leistungen

Die Höhe des ALG II richtet sich nach der Bedürftigkeit des Antragstellers. Die Sicherung des Lebensunterhalts geschieht durch die Regelleistung (RL). Diese hat die gleiche Höhe wie der Regelsatz der Sozialhilfe, der durch die Regelsatzverordnung bestimmt wird. Aufwendungen für Unterkunft und Heizung werden gesondert erstattet. Mehrbedarf für Schwangere, Behinderte, Alleinerziehende und für kostenaufwendige Ernährung werden in Form prozentualer Zuschläge zur Regelleistung berücksichtigt.

Regelleistungen seit dem 1. Juli 2009:

Personenkreis	% der Regel-leistung	Betrag in €
Alleinstehende	100	359
Alleinerziehende	100	359
volljährige Person mit minderjährigem Partner	100	359
alleinstehende Person bis zur Vollendung des 25. Lebensjahres	80	287
volljährige Person bis zur Vollendung des 25. Lebensjahres mit minderjährigem Partner, die ohne Zusicherung des kommunalen Trägers umgezogen ist	80	287
Partner, wenn beide volljährig sind, jeweils	90	323
Kind bis zur Vollendung des 6. Lebensjahres	60	215

Personenkreis	% der Regel-leistung	Betrag in €
Kind ab Beginn des 7. bis zur Vollendung des 14. Lebensjahres	70	251
Kind ab Beginn des 15. Lebens-jahres	80	287

Der Gesetzgeber war vom Bundesverfassungsgericht aufgerufen, anstelle der sachwidrigen Koppelung der Anpassung der Regelleistung an den aktuellen Rentenwert bis Ende 2010 ein anderes Verfahren zu finden. Dies ist bisher jedoch noch nicht geschehen. Auch die Prozentpauschalen für Kinder wurden vom Bundesverfassungsgericht gerügt. Die gesetzliche Neuregelung nach Maßgabe der Vorgaben des Bundesverfassungsgerichts steht noch aus.

Tipp:

Alleinerziehende erhalten zusätzlich zu den Regelleistungen Zuschläge für Mehrbedarf.

In Abhängigkeit von Alter und Zahl der Kinder steht Alleinerziehenden zusätzlich zur Regelleistung einen Mehrbedarf zu. Hier gilt wieder die enge gesetzliche Definition. Als alleinerziehend gelten also Elternteile, die sich allein ohne eine andere erwachsene Person im Haushalt um die Pflege und Erziehung ihres Kindes kümmern. Sobald sich auch andere Personen, wie Eltern, Großeltern oder Verwandte, für mindestens gleiche Teile des Tages mit der Erziehung und Pflege des Kindes beschäftigen, gilt ein Elternteil nicht mehr als alleinerziehend.

> **Achtung:**
> Probleme mit dem Mehrbedarf für Alleinerziehende entstehen bereits, wenn ein neuer Lebensgefährte/ Lebensgefährtin im gleichen Haushalt lebt, selbst wenn diese/r ebenfalls Anspruch auf ALG II hätte.

!

Alleinerziehende erhalten in Abhängigkeit von Alter und Zahl der Kinder einen Mehrbedarf in Höhe der folgenden Prozentsätze:

▸ 1 Kind unter 7 Jahre   36 %

▸ 1 Kind ab 7 Jahre   12 %

▸ 2 Kinder unter 16 Jahre   36 %

▸ 2 Kinder ab 16 Jahre   24 %

▸ 1 Kind ab 7 Jahre und 1 Kind ab 16 Jahre   24 %

▸ 3 Kinder   36 %

▸ 4 Kinder   48 %

▸ 5 und mehr Kinder   60 %

Ein Anspruch auf den Mehrbedarf für Alleinerziehende besteht ab dem Tag der Entbindung. Es gibt also einen Tag Überschneidung mit dem Mehrbedarf für Schwangere.

Kosten von Unterkunft und Heizung

Neben der Regelleistung werden die tatsächlichen Kosten von Unterkunft und Heizung gezahlt, soweit sie angemessen sind. Da diese Kosten in kommunaler Hoheit stehen und sich nach den örtlichen Gegebenheiten richten, werden sie von Landkreis zu Landkreis und in kreisfreien Städten grundsätzlich verschieden gehandhabt und berechnet.

Es werden die tatsächlichen Kosten erstattet. Das heißt, die Beträge müssen so gezahlt werden, wie sie wirklich anfallen.

Eine unangemessene Wohnung muss in der Regel nur „längstens für sechs Monate" bezahlt werden. Danach werden nur die angemessenen Kosten übernommen. Die Frist beginnt dann, wenn die Verwaltung dem Hilfeempfänger die Unangemessenheit mitteilt, aber nur, sofern tatsächlich anderweitiger Wohnraum in der Nähe zur Verfügung steht.

Zur Feststellung der Angemessenheit der Miete ist nicht auf den jeweiligen örtlichen Durchschnitt aller gezahlten Mieten abzustellen, sondern auf den unteren Bereich der am Wohnort marktüblichen Mieten.

Zu den Aufwendungen für die Unterkunft zählen neben der Kaltmiete auch die angemessenen Nebenkosten. Welche Nebenkosten angemessen sind, bemisst sich nach den jeweiligen Verwaltungsvorschriften der Kommune des Leistungsempfängers. Es können daher erhebliche Unterschiede in der Höhe der anerkannten Kosten bestehen.

Heizkosten sind in tatsächlicher Höhe zu übernehmen, soweit sie nicht aufgrund unwirtschaftlichen Verhaltens unangemessen hoch sind. Nicht zu den Heizkosten zählen die Kosten der Warmwasserbereitung; diese sind mit 1,8029 % der Regelleistung abgegolten.

Als Unterkunftskosten können auch Aufwendungen anerkannt werden, die dem Hilfebedürftigen bei der Selbstnutzung einer eigenen Wohnung entstehen. Die Kosten der

Unterkunft ergeben sich in diesem Fall aus den mit dem Wohnungseigentum unmittelbar verbundenen Belastungen. Die Wohnfläche gilt in diesen Fällen dann nicht als unangemessen groß, wenn für Familien mit bis zu vier Personen 130 m² bei einem Familienheim und 120 m² bei einer Eigentumswohnung nicht überschritten werden. Bei größerer Fläche muss die Angemessenheit individuell geprüft werden.

Einkommen und Vermögen

Alles, was vor dem Antragszeitpunkt an Eigentum vorhanden war, ist Vermögen, alles, was danach erworben wird, Einkommen. Dies gilt auch für Zuwendungen Dritter wie Schenkungen von Verwandten. Maßgeblicher Zeitraum ist der Kalendermonat, d. h. erster bis letzter Tag des Monats. Arbeitslosengeld II wird normalerweise nach sämtlichen Zuflüssen in diesem Monat berechnet; maßgeblich ist der Eingang auf dem Konto. Das Zuflussprinzip wird auch bei der Berechnung der Abschläge bei Nebeneinnahmen durch den Leistungsempfänger angewandt. In besonderen Fällen (Saisonarbeit, hohes Einmaleinkommen) ist auch eine jährliche Betrachtungsweise möglich. Treten einmalige Einkünfte wie Urlaubs- oder Weihnachtsgeld, aber auch Steuerrückzahlungen o. Ä. neben reguläres Erwerbsentgelt, kann das bei Anwendung des Zuflussprinzips dazu führen, dass der Hilfeempfänger für den Monat des Zuflusses aus dem Hilfebezug herausfällt.

Das Arbeitslosengeld II ist eine einkommensabhängige Leistung. Beziehen der Hilfebedürftige oder die mit ihm in Bedarfsgemeinschaft lebenden Personen Einkommen, mindert sich das Arbeitslosengeld II oder Sozialgeld. Als Einkommen sind alle Einnahmen in Geld oder Geldeswert zu berücksichtigen, soweit sie nicht nach § 11 Abs. 1 SGB II ausdrücklich ausgenommen sind. Vom Einkommen sind abzuziehen (Einkommensbereinigung):

▸ auf das Einkommen entrichtete Steuern

▸ Pflichtbeiträge zur Sozialversicherung einschließlich der Beiträge zur Arbeitsförderung

▸ Beiträge zu öffentlichen oder privaten Versicherungen oder ähnlichen Einrichtungen, soweit diese Beiträge gesetzlich vorgeschrieben oder nach Grund und Höhe angemessen sind; hierzu gehören Beiträge zur Vorsorge für den Fall der Krankheit und der Pflegebedürftigkeit für Personen, die in der gesetzlichen Krankenversicherung nicht versicherungspflichtig sind, und zur Altersvorsorge von Personen, die von der Versicherungspflicht in der gesetzlichen Rentenversicherung befreit sind.

▸ geförderte Altersvorsorgebeiträge nach § 82 Einkommensteuergesetz (EStG), soweit sie den Mindesteigenbeitrag nach § 86 EStG nicht überschreiten (Riester-Rente)

▸ die mit der Erzielung des Einkommens verbundenen notwendigen Ausgaben (Betriebsausgaben/Werbungskosten)

▸ für Erwerbstätige ein Betrag nach § 30 SGB II (Freibetrag bei Erwerbstätigkeit, 10–20 % des Einkommens, das 100 Euro übersteigt, maximal 210 Euro)

▸ Aufwendungen zur Erfüllung gesetzlicher Unterhaltsverpflichtungen bis zu dem in einem Unterhaltstitel oder in einer notariell beurkundeten Unterhaltsvereinbarung festgelegten Betrag

▸ bei erwerbsfähigen Hilfebedürftigen, deren Einkommen bereits bei der Berechnung von BAföG oder BAB für mindestens ein Kind berücksichtigt wird, der bei der Berechnung berücksichtigte Betrag

Von Erwerbseinkommen wird anstelle der abziehbaren Beiträge für Versicherungen und Altersvorsorge sowie für Werbungskosten ein pauschaler Freibetrag von 100 Euro abgezogen (Grundfreibetrag). Übersteigt das Bruttomonatseinkommen 400 Euro, können anstelle dieses Grundfreibetrags die tatsächlichen Aufwendungen abgezogen werden.

Darüber hinaus bleiben vom Bruttomonatseinkommen folgende Beträge anrechnungsfrei:

▸ 100 % des Bruttomonatseinkommens zwischen 0 und 100 Euro

▸ 20 % des Bruttomonatseinkommens zwischen 100 und 800 Euro

▸ 10 % des Bruttomonatseinkommens zwischen 800 und 1.200 Euro

▸ 10 % des Bruttomonatseinkommens zwischen 1.200 und 1.500 Euro, wenn mindestens ein minderjähriges Kind in der Bedarfsgemeinschaft ist

▸ 0 % des Bruttomonatseinkommens oberhalb der genannten Beträge

Berechnung der anrechnungsfreien Beträge

▸ *Bei 400 € Bruttomonatseinkommen bleiben 160 € (100 € Grundfreibetrag + 20 % von 300 € Erwerbstätigenfreibetrag) anrechnungsfrei.*

▸ *Bei 600 € Zusatzverdienst sind 200 € (100 € + 20 % von 500 €) anrechnungsfrei.*

▸ *Bei 1.200 € bleiben 280 € (100 € + 20 % von 700 € + 10 % von 400 €) anrechnungsfrei.*

Haben der Hilfebedürftige oder die mit ihm in Bedarfsgemeinschaft lebenden Personen Vermögen, besteht kein Anspruch auf Arbeitslosengeld II, soweit der Wert gewisse Freibeträge überschreitet und es sich nicht um Schonvermögen handelt.

Es dürfen nur Vermögensgegenstände berücksichtigt werden, die verwertbar sind.

Als Vermögen wird gewertet:

▸ Geld und Geldeswerte, wie Bargeld und Schecks

▸ sonstige Sachen: unbewegliche Sachen, wie bebaute und unbebaute Grundstücke, und bewegliche Sachen, wie Schmuckstücke, Gemälde und Möbel

▸ sonstige Rechte, wie Rechte aus Wechseln, Aktien und anderen Gesellschaftsanteilen, Rechte aus Grundschulden, Nießbrauch, Dienstbarkeiten, Altenteil, auch Urheberrechte, soweit es sich bei der Nutzung um ein in Geld schätzbares Gut handelt

Das Vermögen ist ohne Rücksicht auf steuerrechtliche Vorschriften mit seinem Verkehrswert zu berücksichtigen.

Kein Vermögen, sondern Einkommen, sind die Erträge (Zinsen, Dividenden) aus dem Vermögen.

Vermögen von Kindern bleibt bei der Berechnung der Leistungen der Eltern unberücksichtigt.

Als Vermögen nicht zu berücksichtigen sind:

▸ angemessener Hausrat

▸ ein angemessenes Kraftfahrzeug für jeden in der Bedarfsgemeinschaft lebenden erwerbsfähigen Hilfebedürftigen. Nach einer Entscheidung des BSG vom 6. September 2007 ist ein Kfz bis zu einem Verkehrswert von 7.500 Euro als angemessen anzusehen. Über teurere Fahrzeuge muss im Einzelfall entschieden werden.

▸ Altersvorsorge in Höhe des nach Bundesrecht ausdrücklich als Altersvorsorge geförderten Vermögens einschließlich seiner Erträge und der geförderten laufenden Altersvorsorgebeiträge (Riester-Rente, Rürup-Rente, Betriebsrente)

▸ vom Inhaber als für die Altersvorsorge bestimmt bezeichnete Vermögensgegenstände in angemessenem Umfang, wenn der erwerbsfähige Hilfebedürftige oder sein Partner von der Versicherungspflicht in der gesetzlichen Rentenversicherung befreit ist

▸ ein selbst genutztes Hausgrundstück von angemessener Größe oder eine entsprechende Eigentumswohnung

▸ Vermögen, solange es nachweislich zur baldigen Beschaffung oder Erhaltung eines Hausgrundstücks von angemessener Größe bestimmt ist, soweit dieses zu Wohnzwecken behinderter oder pflegebedürftiger Menschen dient oder dienen soll und dieser Zweck durch den Einsatz oder die Verwertung des Vermögens gefährdet würde

▸ Sachen und Rechte, soweit ihre Verwertung offensichtlich unwirtschaftlich ist oder für den Betroffenen eine besondere Härte bedeuten würde. Für die Angemessenheit sind die Lebensumstände während des Bezugs der Leistungen zur Grundsicherung für Arbeitsuchende maßgebend.

▸ Für Lebensversicherungen gilt: Ist die Auszahlung bei Auflösung des Vertrags um mehr als zehn Prozent geringer als die bis dahin eingezahlten Beiträge, gilt die Verwertung als unwirtschaftlich.

Auf den Punkt gebracht

▸ Kindergeld wird bis zum maximal 25. Lebensjahr des Kindes bezahlt.

▸ Kinderzuschlag ist oftmals finanziell ungünstiger als der Mehrbedarfszuschlag beim ALG II.

▸ Unterhaltsvorschuss wird nur bis zum 12. Lebensjahr des Kindes bezahlt.

▸ Alleinerziehende haben Anspruch auf Zuschläge zum ALG II.

▸ Zusammenleben mit einem neuen Partner wirkt sich auf die Berechnung des ALG II aus.

Welche Hilfen kann ich vom Jugendamt erhalten?

Personensorgeberechtigte – meist die Eltern, ggf. ein Vormund oder Pfleger – haben einen Rechtsanspruch auf Hilfen zur Erziehung, „wenn eine dem Wohl des Kindes oder des Jugendlichen entsprechende Erziehung nicht gewährleistet ist und die Hilfe für seine Entwicklung geeignet und notwendig ist" (§ 27 Abs. 1 KJHG/SGB VIII). Es besteht also kein Anspruch auf eine bestimmte, sondern nur auf eine geeignete und notwendige Hilfeform. Die Grundlage für die Gewährung von entsprechenden pädagogischen Angeboten ist das Hilfeplanverfahren, an dem sowohl die Sorgeberechtigten, die Kinder oder Jugendlichen als auch das Jugendamt beteiligt werden müssen.

Es gibt eine Vielzahl unterschiedlicher Angebote von ambulanten und (teil-)stationären Erziehungshilfen. Bei vielen werden die Kosten vom Jugendamt übernommen, einige sind je nach Bundesland kostenpflichtig. Das Kinder- und Jugendhilfegesetz nennt beispielhaft die nachfolgenden Leistungsformen:

Erziehungsberatung

In Deutschland gibt es eine Vielzahl von Erziehungsberatungsstellen, in denen insbesondere speziell weitergebildete Sozialpädagogen und Psychologen tätig sind. Eltern, Kinder und Jugendliche, aber auch Erzieher und Lehrer können sich unmittelbar an eine Beratungsstelle vor Ort bzw. in der Region oder im Kreis wenden. Die Beratung ist

persönlich, vertraulich, auf Wunsch anonym und kosten-
frei.

Auf die Vertraulichkeit der Erziehungsberatung kann man
sich verlassen – die Berater unterliegen der Schweigepflicht
im Sinne des § 203 StGB/Offenbarung von Privatgeheim-
nissen. Jugendliche können sich auch selbstständig an die
Beratungsstellen wenden. Sie haben gem. SGB I ab 15
Jahren einen Rechtsanspruch darauf. Auch Jüngere sollen
ggf. anonym und verschwiegen beraten werden. Außerdem bieten viele Erziehungsberatungsstellen präventive
Leistungen, wie z. B. Elternabende in Kindertagesstätten
oder Elterntraining, an.

Beistandschaft

Die Beistandschaft ist ein kostenloses Angebot des Jugendamts für die Feststellung der Vaterschaft und/oder die
Regelung der Unterhaltsangelegenheiten. Die Beistandschaft ersetzt seit dem 01.07.1998 die bis dahin kraft Gesetzes für Kinder nicht miteinander verheirateter Eltern
eingetretene Amtspflegschaft.

Die Beistandschaft ermöglicht dem alleinerziehenden El-
ternteil, auf freiwilliger Grundlage für Vaterschafts- und
Unterhaltsangelegenheiten die Hilfe des Jugendamts in
Anspruch zu nehmen.

Feststellung der Vaterschaft

Die Feststellung der Vaterschaft ist von enormer Bedeutung
für das Kind. In den meisten Fällen ist die Vaterschaftsfest-

stellung kein Problem. In manchen Fällen ist sie jedoch schwierig und eventuell für die Mutter auch psychisch belastend. Dies kann z. B. der Fall sein, wenn der Vater seine Vaterschaft mit dem Hinweis auf Mehrverkehr bestreitet.

Aus diesem Grund bietet das Jugendamt Hilfe bei der Feststellung der Vaterschaft an. Der Beistand nimmt Kontakt zu dem von der Mutter benannten Vater auf. Kommt es nicht zu einer freiwilligen Anerkennung durch den als Vater angegebenen Mann, so erhebt der Beistand im Namen des Kindes Klage auf Feststellung der Vaterschaft und vertritt das Kind im gerichtlichen Verfahren.

Unterhaltsregelung

Auch bei der Regelung der Unterhaltsangelegenheiten kann die Hilfe des Jugendamts als Beistand in Anspruch genommen werden. Der Beistand prüft die wirtschaftlichen Verhältnisse des unterhaltspflichtigen Elternteils und errechnet die Unterhaltshöhe. Der Beistand sorgt auch für eine Festsetzung des errechneten Unterhaltsanspruchs in vollstreckbarer Form. Ist die Unterhaltshöhe strittig, so vertritt der Beistand das Kind vor Gericht. Außerdem sorgt er für die Durchsetzung des Unterhaltsanspruchs, falls der unterhaltspflichtige Elternteil seiner Unterhaltsverpflichtung nicht nachkommt.

Beistandschaft zur Unterhaltsregelung

Der unterhaltspflichtige Vater Max verweigert die Auskunft zu seinem Einkommen und zahlt keinen Kindesunterhalt für seine beiden Töchter Lisa und Lena. Anstatt den Unterhalt

> *selbst oder über einen Rechtsanwalt geltend zu machen, kann die Mutter Susanne beim Jugendamt eine Beistandschaft beantragen. Das Jugendamt übernimmt dann die Klärung und Durchsetzung des Unterhaltsanspruchs.*

Wer kann die Beistandschaft beantragen?

Grundsätzlich kann jeder Elternteil, dem die elterliche Sorge für das Kind allein zusteht, eine Beistandschaft beantragen.

Seit April 2002 kann eine Beistandschaft auch beantragt werden, wenn die Eltern das Sorgerecht gemeinsam ausüben; dann allerdings nur, wenn die Eltern dauerhaft getrennt leben und das Kind beim antragstellenden Elternteil lebt. Sind die Eltern miteinander verheiratet, so kann der Beistand erst nach Rechtskraft der Scheidung tätig werden.

Auf die Staatsangehörigkeit des Kindes kommt es nicht an. Voraussetzung ist aber, dass das Kind seinen gewöhnlichen Aufenthalt in Deutschland hat.

Der Antrag kann nur persönlich, d. h. nicht durch einen Vertreter gestellt werden. Die Antragstellung ist bereits vor Geburt des Kindes möglich.

Die elterliche Sorge wird durch die Beantragung einer Beistandschaft nicht eingeschränkt. Der Beistand ist aber im Rahmen seines Wirkungskreises neben dem Elternteil gesetzlicher Vertreter des Kindes.

Die Beistandschaft kann jederzeit beendet werden. Wenn die Eltern das Sorgerecht gemeinsam ausüben, dann endet die Beistandschaft, wenn das Kind nicht mehr beim antragstellenden Elternteil lebt oder wenn die Eltern nicht mehr getrennt leben. Zudem endet sie automatisch mit der Vollendung des 18. Lebensjahres des Kindes oder wenn das Kind nicht mehr in Deutschland wohnt.

Sozialpädagogische Gruppenarbeit

Die sozialpädagogische Gruppenarbeit ist in der Regel für Kinder und Jugendliche im schulfähigen Alter ausgelegt, selten auch für jüngere bzw. ältere Jugendliche, da hier meist andere Maßnahmen geeigneter sind. Soziales Lernen in der Gruppe, Überwindung von Verhaltensproblemen und Entwicklungsschwierigkeiten stehen bei den ein- bis dreimal wöchentlich stattfindenden zwei- bis dreistündigen Treffen im Vordergrund. Die Gruppenarbeit kann durch Gruppenfahrten und ähnliche Veranstaltungen ergänzt werden. Die Gruppengröße (mind. drei bis in der Regel max. zwölf Personen) hängt u. a. von der Stärke des Hilfebedarfs ab. Die Angebote reichen je nach Ausstattung des jeweiligen Trägers von Kochkursen, Landschaftspflegeprojekte und Spielplatzinstandsetzung über mehrtägige Wanderungen und Zeltlager bis hin zu Drogen- und Suchtberatung sowie Antiaggressionstraining.

Grundsätzlich können zwei verschiedene Ansätze unterschieden werden:

▸ Kursform

Der Kurs wird in der Regel für ein bis sechs Zeitstunden in der Woche geplant und dauert sechs bis zwölf Monate. Die Gruppen treffen sich dabei meist ein- bis dreimal in der Woche. Die Aufnahme in den Kurs erfolgt für alle Teilnehmer gleichzeitig.

▸ Fortlaufende Gruppen

Solche Gruppen werden für selten länger als zwei Jahre initiiert. Zu Beginn der Hilfe werden Zielvereinbarungen mit den Sorgeberechtigten getroffen und halbjährlich im Hilfeplanverfahren überprüft und ggf. verändert. Die Aufnahme der Teilnehmer kann zu jedem Zeitpunkt erfolgen, ebenso wie eine individuelle Beendigung.

Welches Konzept umgesetzt wird, hängt von den Präferenzen des anbietenden Jugendhilfeträgers und vom jeweiligen Bedarf ab.

Sozialpädagogische Familienhilfe

Der Name „sozialpädagogische Familienhilfe" erklärt bereits den Schwerpunkt dieser Jugendhilfemaßnahme. Durch die intensive Beratung und Begleitung der Familie werden Lösungen von Alltagsproblemen und Konfliktbewältigung geübt. In der Regel ist sie für einen längeren Zeitraum (ein bis zwei Jahre) gedacht.

Voraussetzung für die Gewährung von sozialpädagogischer Familienhilfe ist

▸ ein Antrag der Eltern und

▸ die Aufstellung eines Hilfeplans, in dem die Probleme und die Lösungsschritte einschließlich gemeinsamer Ziele und Überprüfungszeiträume festgelegt werden.

Mit der sozialpädagogischen Familienhilfe sollen Eltern bzw. Alleinerziehende mit ganz praktischen Hilfen bei Problemen in der Kindererziehung (Vernachlässigung, Misshandlung), in der Versorgung des Haushalts und bei unangemessenem Ausgabeverhalten (bei knappen Einnahmen) unterstützt werden. Dies geschieht insbesondere bei einer gravierenden häuslichen Unterversorgung (Bildung, Hygiene, Wohnung) oder bei unmittelbaren zeitlich befristeten Schwierigkeiten in bestimmten Lebensbereichen. Immer muss aber auch ein erhöhter erzieherischer Bedarf – also die Notwendigkeit der Erziehungshilfe – vorliegen. Der erzieherische Bedarf wird über das Wohl des oder der Kinder definiert. Die Hilfe ist eine der Möglichkeiten, die Jugendämter im Falle einer Kindeswohlgefährdung anbieten, auch um eine Herausnahme der Kinder aus der Familie zu vermeiden.

Einsatzbeispiele

‣ *Krisen- und Konfliktsituationen von Eltern und Kindern, z. B. Überforderung Alleinerziehender, unwirtschaftliches Verhalten, psychische Labilität eines Elternteils, Suchtprobleme eines Elternteils*

‣ *Gefährdung von Kindern und Jugendlichen durch Vernachlässigung oder Misshandlung in der Familie*

‣ *Rückführung von Kindern und Jugendlichen in die Familie*

‣ *Eingliederung eines Elternteils nach längerer Abwesenheit in die Familie*

‣ *Unterstützung der Familie nach Wiederheirat eines Elternteils*

‣ *Integrationshilfe bei der Eingliederung in ein neues soziales Umfeld*

Sozialpädagogische Familienhelfer besuchen Familien regelmäßig in deren Wohnung. Bei ihren Besuchen erleben sie die vorliegenden Probleme unmittelbar und suchen vor

Ort gemeinsam mit den Familien nach passenden Lösungen. Den Familien soll die Verantwortung für die Bewältigung ihrer vielfältigen und gehäuften Probleme nicht abgenommen werden, sondern sie sollen nach dem Motto „Hilfe zur Selbsthilfe" zu eigenen Lösungen angeregt werden, um die vereinbarten Ziele zu erreichen.

Familienhelfer als Vermittler und Ansprechpartner

Die alleinerziehende Mutter Lena hat ein sog. Schreikind. Sie ist mit dem Kind überfordert und kann den Alltag infolge Schlafmangels nicht mehr bewältigen. Hier kann ein Familienhelfer Kontakt zu einer Schreiambulanz herstellen, helfen, den Alltag zu regeln und ggf. Hilfen anzufordern. Ferner hat Lena einen Ansprechpartner, der ihr zuhört und sie unterstützt.

Erziehung in einer Tagesgruppe

Die Tagesgruppe ist in der Regel dann die geeignetste Hilfemaßnahme, wenn der erzieherische Bedarf mit ambulanten Maßnahmen (z. B. sozialpädagogische Familienhilfe) nicht mehr abgedeckt, eine Heimunterbringung damit aber vermieden werden kann.

Kinder und Jugendliche, die in einer Tagesgruppe betreut werden, wohnen weiterhin bei ihren Eltern. Sie besuchen ihre normalen Schulen und verbringen auch ihre Wochenenden in der Familie. Die pädagogische Betreuungszeit beginnt mit Schulschluss und endet am Abend (oft 18:00 Uhr). Um diese Anforderungen zu erfüllen, sollen Tagesgruppen wohnfeldbezogen sein – so sind sie für die Kinder meist gut erreichbar.

Die Gruppen sind in der Regel gemischt und in ihrer Altersstruktur heterogen. Die höchste Altersstufe, die in Tagesgruppen betreut wird, ist die der 13- bis 17-Jährigen. Die Gruppengrößen liegen bei sechs bis zwölf Kindern.

Soziales Lernen in der Gruppe, Überwindung von oft stark delinquenten Verhaltensproblemen und/oder familiären Missständen sowie die schulische Förderung stehen im Vordergrund dieser Jugendhilfemaßnahme. Dabei spielt die intensive familientherapeutische Elternarbeit von Anfang an eine große Rolle.

Hilfe für Kinder und Eltern

Die Mutter Vera ist ein Messi und bietet den Kindern Leo und Fritz keinen geregelten Tagesablauf. Sie steht selten vor 12 Uhr mittags auf. Hier könnte die Herausnahme der Kinder vermieden werden, wenn die Kinder tagsüber in einer Einrichtung mit festen Regeln und Abläufen betreut werden. Sie lernen dort den Umgang mit der Krankheit der Mutter. Vera kann in dieser Zeit von einer Familienhelferin darin unterstützt werden, den Haushalt zu organisieren. Ergänzend wird Vera eine geeignete Therapie besuchen.

In der Praxis sind verschiedene Konzeptionen anzutreffen, die mehr oder weniger stark von diesem Grundtypus abweichen. So ist es zum Beispiel im ländlichen Raum oft nicht möglich, wohnfeldbezogen zu arbeiten. Hier werden dann oft Fahrdienste eingerichtet. Auch existieren Tagesgruppen, die in Kooperation mit einer Schule eine Ganztagsbetreuung anbieten – vor allem für Schulverweigerer.

Vollzeitpflege

Die Vollzeitpflege gehört zu den massivsten Hilfen zur Erziehung. Sie bedeutet die zeitweise oder dauerhafte Unterbringung eines Kindes in einer Pflegefamilie oder Erziehungsstelle. Beide Formen der Fremdunterbringung ermöglichen das Aufwachsen des Kindes in einem Familiensystem.

Die Unterbringung eines Kindes in Vollzeitpflege kann verschiedene Gründe haben: Auf der einen Seite steht der Bedarf der betroffenen Familie, ein Kind herauszulösen, auf der anderen die Einschätzung des Jugendamts bzw. des Familiengerichts, dass eine akute Kindeswohlgefährdung vorliegt.

Die Gründe dafür, ein Kind in Pflege geben zu wollen, sind vielschichtig. Meist ist die Familie chronisch überlastet, sodass sich die Vorstellung entwickeln kann, es sei erleichternd, nicht mehr für das Kind sorgen zu müssen. Stressoren können sein: Partnerprobleme, Drogenproblematik, fehlendes soziales Netzwerk (z. B. Babysitter, Familienhilfe), Krankheit u. v. m.

> **Tipp:**
> Nach der Vollzeitpflege kann für junge Erwachsene unter Umständen auch eine Nachbetreuung infrage kommen.

Erziehungsstellen sind eine relativ neue Form der Hilfe. Sie werden von den freien Trägern der Jugendhilfe angeboten

und sorgen anstelle des Kinderpflegedienstes des Jugendamts für ein qualifiziertes Auswahlverfahren.

Alle Hilfen zur Erziehung haben die Rückführung in die
Familie zum Ziel. Nur wenn wesentliche Gründe gegen eine
Rückkehr sprechen, sollen andere Lebensperspektiven
erarbeitet werden.

Diese Maßnahmen bedeuten für die betroffenen Kinder
eine große Belastung, insbesondere durch das Herauslösen
aus dem gewohnten sozialen Umfeld, die Trennung von
den bisherigen Bezugspersonen und die unklare Rückkehr.

Eine besondere Schwierigkeit besteht darin, dass ein Kind
sich in seiner Umgebung sozialisiert und sich an die neuen
Bezugspersonen bindet. Die Auflösung einer Vollzeitpflege
ist nach einer (individuell unterschiedlichen) Zeitspanne
ohne Schädigung des Kindes nicht mehr möglich.

Heimerziehung, betreute Wohnform

Die Heimerziehung ist die älteste und bekannteste Form
der Erziehungshilfe. Sie soll Kinder und Jugendliche durch
eine Verbindung von Alltagserleben mit pädagogischen
und therapeutischen Angeboten in ihrer Entwicklung fördern. Diese Hilfe wird heute in der Regel zeitlich befristet
geleistet mit dem Ziel, eine Rückkehr in die Herkunftsfami-
lie nach Verbesserung der dortigen Erziehungsbedingun-
gen zu ermöglichen. Auch der Wechsel in eine andere
(Pflege-, in Ausnahmefällen vielleicht sogar Adoptiv-
)Familie oder die Begleitung der Jugendlichen in die Selbst-
ständigkeit kann infrage kommen.

Neben der materiellen (Wohnung, Kleidung, Nahrung, Taschengeld) und pädagogischen Grundversorgung werden natürlich auch Leistungen der Krankenhilfe sichergestellt, und vor allem wird – gemessen an den Möglichkeiten des jungen Menschen – die Schul- oder Berufsausbildung gewährleistet. Jugendwohngemeinschaften und das sog. pädagogisch betreute Einzelwohnen nehmen zu. Jugendliche werden hier gezielt auf ein eigenständiges Leben hingeführt.

! Achtung:

Die Eltern, Kinder, Jugendlichen und deren Ehegatten/Lebenspartner werden zu den entstehenden Kosten herangezogen. Der Kostenbeitrag richtet sich nach der Kostenbeitragsverordnung und kann in der Höhe regional unterschiedlich ausfallen.

Intensive sozialpädagogische Einzelbetreuung

Die intensive sozialpädagogische Einzelbetreuung ist eine Form der Hilfe für Jugendliche. In der Regel wendet sich dieses Angebot an Jugendliche, die von anderen Angeboten der Jugendhilfe nicht erreicht werden, weil sie z. B. drogenabhängig sind oder auf der Straße leben. Viele von ihnen haben den Kontakt zur Familie abgebrochen und entziehen sich den Hilfsangeboten in einer Gruppe oder im Heim.

Die intensive sozialpädagogische Einzelbetreuung befasst sich in der Regel mit nur einem Jugendlichen, wobei die konkrete Ausformung des Hilfeangebots im Vergleich zu anderen Betreuungsangeboten (wie beispielsweise Heimerziehung) wesentlich weniger vorgegeben ist. Die Ausgestaltung der Betreuung ist Resultat des Hilfeplanverfahrens. Der Durchführende soll über einen Abschluss in Sozialpädagogik oder einen entsprechenden anderen anerkannten Abschluss verfügen.

In der Regel haben die Jugendlichen, die mit diesem Angebot betreut werden, schon andere Formen der Jugendhilfe erlebt – konnten aber in diesen nicht angemessen betreut werden. Ziel ist es, mit dem oder der Jugendlichen Perspektiven für das weitere Leben zu erarbeiten. Dazu kann auch gehören, zu einem geeigneten Zeitpunkt eine Wohnung anzumieten und eine Hilfe ähnlich dem „betreuten Einzelwohnen" anzubieten.

Mit der Hilfe verbunden ist die Regelleistung für den Lebensunterhalt des Jugendlichen. Hinzukommen kann noch die Übernahme weiterer Kosten wie der Miete bei der Betreuung in einer Wohnung oder Reisekosten bei erlebnispädagogischer Ausrichtung.

Kurzfristige Herausnahme aus der Familie

Die 42-jährige Anna ist in Vollzeit berufstätig und alleinerziehende Mutter des 14-jährigen Max. Max ist schon mehrmals strafrechtlich in Erscheinung getreten. Seit einem Jahr ist er mit anderen jungen Menschen aus der rechtsradikalen Szene „befreundet". Mit ihnen zusammen war er an einem Überfall auf ein Wohnheim für Asylbewerber beteiligt.

Das Jugendamt nimmt Max vorübergehend aus der Familie heraus. Er zieht in eine Jugendwohngemeinschaft und wird während dieser Zeit intensiv von Fachkräften (meist Sozialpädagogen) betreut. Ziel ist die soziale und schulische/berufliche Integration und die eigenverantwortliche Lebensführung.

Soweit die Eltern dazu in der Lage sind, werden Sie zu den Kosten der Unterbringung herangezogen

Auf den Punkt gebracht

▸ Es steht eine große Auswahl von Hilfemöglichkeiten zur Verfügung. Die jeweils passende wird in einem Hilfeplan erarbeitet.

▸ Die Herausnahme eines Kindes soll Ultima Ratio bleiben.

▸ Es können Maßnahmen miteinander kombiniert werden.

Anhang

Informationen im Internet

Im Internet finden Sie zahlreiche ergänzende Informationen. Beispielhaft seien genannt:

Wohngeld:	www.wohngeldantrag.de
Kindergeld:	www.familienkasse.de
Düsseldorfer Tabelle:	www.olg-duesseldorf.nrw.de
Elterngeldrechner:	www.bmfsfj.de/Elterngeldrechner
Foren:	www.alleinerziehend.net
	www.allein-erziehend.net
	www.amikio.de
	www.alleinerziehend.info
Informationsseiten:	www.familienhandbuch.de
	www.vamv.de
	www.bmfsfj.de
Selbsthilfegruppen:	www.shia.de
	www.selbsthilfe-wegweiser.de
Alleinerziehende Väter:	www.vaeter-helfen-vaetern.de

Umgangsvereinbarung – Muster

Formulierungsvorschlag für Kinder zwischen 6 und 12 Jahren:

Vereinbarung

zwischen

Herrn _____

und

Frau _____

Zur Regelung des Umgangs des Vaters mit dem Kind _____, geb. am _____, treffen die Mutter und der Vater folgende Vereinbarung:

1.
Das Kind hat seinen ständigen Aufenthalt bei der Mutter. Der Vater hat das Recht, das Kind _____ an jedem zweiten Wochenende jeweils von Freitag 16.00 Uhr bis Sonntag 18.00 Uhr zu sich zu nehmen.

Die Mutter bringt das Kind zum Vater.

Oder:

Der Vater holt das Kind bei der Mutter ab. Die Mutter hat das Kind jeweils rechtzeitig zur Abholung vorzubereiten und ihm alle notwendigen Gegenstände mitzugeben. Der Vater verpflichtet sich, das Kind pünktlich wieder zurückzubringen.

Und/oder:

Der Vater kann das Kind zusätzlich an jedem Mittwoch von 16.00 bis 19.00 Uhr zu sich nehmen. Er holt das Kind ab und bringt es pünktlich wieder zurück.

2.
Kann ein Besuchswochenende gemäß Ziffer 1 aus einem wichtigen Grund nicht stattfinden, so ist es am darauf folgenden Wochenende zu den gleichen Zeiten nachzuholen.

3.
Das Kind verbringt regelmäßig die Hälfte der Ferien beim Vater. Jeweils zu Beginn des Jahres oder spätestens zwei Monate vor den jeweiligen Ferien wird die Urlaubsplanung zwischen den Eltern abgestimmt.

a. Das Kind verbringt die Hälfte der Oster- und Pfingstferien beim Vater. Die Hälfte der Ferien schließt dabei Ostersonntag und Ostermontag mit ein. Diese Regelung wechselt von Jahr zu Jahr.

Oder:

Das Kind verbringt im jährlichen Wechsel die Osterferien beim einen, die Pfingstferien beim anderen Elternteil.

b. Von den Sommerferien verbringt das Kind _____ Wochen mit dem Vater.

c. Die übrigen Ferien verbringt das Kind jeweils im Wechsel bei Vater oder Mutter.

d. Den Heiligen Abend verbringt das Kind bei der Mutter, den ersten Weihnachtsfeiertag und die ersten Ferienwochen beim Vater, den Rest der Ferien bei der Mutter. Diese Regelung wechselt von Jahr zu Jahr.

4.
Seinen Geburtstag verbringt das Kind bei der Mutter, es sei denn, der Geburtstag fällt in die Zeit des Umgangs mit dem Vater.

5.
Das Kind besucht den Vater an dessen Geburtstag.

> 6.
> Das Kind hat das Recht, jederzeit mit dem Vater zu telefonieren. Die Mutter verpflichtet sich, einen entsprechenden Wunsch des Kindes zu respektieren.
>
> 7.
> Die Eltern informieren sich gegenseitig rechtzeitig, wenn ein Umgang ausfällt.

Listen zur Orientierung

Aufstellung zu Mehr- und Sonderbedarf beim Kindesunterhalt

Die folgende Aufstellung dient der Orientierung. Es wird darauf hingewiesen, dass es sich überwiegend um Einzelfallentscheidungen handelt.

Mehrbedarf wird gewährt für:

▸ Kindergarten- bzw. Hortkosten, falls nicht beim Betreuungsunterhalt zu berücksichtigen

▸ krankheitsbedingte Mehrkosten

▸ Kosten für eine länger andauernde psychotherapeutische Behandlung

▸ Umgangsaufwand

▸ Nachhilfeunterricht

▸ Besuch einer gutachterlich empfohlenen Privatschule

▸ Kosten für Sporttraining oder Musikunterricht, wenn die Entscheidung von den Eltern gemeinsam getroffen wurde

Sonderbedarf wird gewährt für:

▸ Säuglingserstausstattung

▸ Kosten des Vaterschaftsanfechtungsprozesses

▸ notwendige Umzugskosten

▸ Brille

▸ mehrjährige kieferorthopädische Behandlung

▸ medizinisch verordneten Kuraufenthalt

▸ Schülerbetriebspraktikum, z. B. in England

▸ neues Bettzeug wegen Hausstaubmilbenallergie

Sonderbedarf wird verneint für:

▸ neue Zimmereinrichtung für Heranwachsende

▸ Klavier

▸ Führerschein

▸ Zahnbehandlung

▸ Ausrichten der Feier zur Kommunion oder Konfirmation

▸ Klassenfahrt (streitig, unterschiedliche Rechtsprechung)

▸ Austauschschülerauslandsaufenthalt

▸ Urlaub

Aufstellung bei gemeinschaftlicher elterlicher Sorge

Alleinentscheidung des betreuenden Elternteils:

▸ normaler Ablauf des Schullebens (Auswahl des Nachhilfelehrers, Klassenfahrten)

▸ Tagesausflüge

▸ Ausübung von Sport, z. B. Fußball

▸ normale medizinische Untersuchungen (Vorsorgeuntersuchungen, Schutzimpfungen)

▸ Verwaltung kleinerer Geldgeschenke

Gemeinsame Entscheidung:

▸ Wahl des Vornamens

▸ Aufenthaltsbestimmungsrecht

▸ Auswanderung des Kindes

▸ Ferienaufenthalt im Ausland

▸ wochen- oder monatelanger Schüleraustausch

▸ schulische und berufliche Ausbildung (Schulart, konkrete Schule, Wahl von Fächern und Leistungskursen)

▸ Wechsel des Kindes in Heim oder Internat

▸ medizinische Eingriffe, Ausnahme: Notfälle

▸ Impfungen

▸ religiöse Erziehung

▸ Umgang mit dem anderen Elternteil und Dritten

▸ Unterhalt des Kindes

▸ Anlage und Verwendung von Kindesvermögen

▸ Annahme einer Erbschaft

▸ nach § 1643 BGB genehmigungspflichtige Geschäfte

Abkürzungsverzeichnis

ALG	Arbeitslosengeld
AV	Arbeitslosenversicherung
Az.	Aktenzeichen
BAB	Berufsausbildungsbeihilfe
BAföG	Bundesausbildungsförderungsgesetz
BEEG	Bundeselterngeld- und Elternzeitgesetz
BGB	Bürgerliches Gesetzbuch
BSG	Bundessozialgericht
EStG	Einkommensteuergesetz
i. d. R.	in der Regel
Kfz	Kraftfahrzeug
KJHG	Kinder- und Jugendhilfegesetz
KV	Krankenversicherung
LSt	Lohnsteuer
PflV	Pflegeversicherung
RV	Rentenversicherung
SGB	Sozialgesetzbuch
Soli	Solidaritätszuschlag
StGB	Strafgesetzbuch
TzBfG	Gesetz über Teilzeitarbeit und befristete Arbeitsverträge
UVG	Unterhaltsvorschussgesetz

Stichwortverzeichnis

Die Autorin

Frau Dr. Beate Wernitznig ist Fachanwältin für Familienrecht. Sie berät und vertritt Betroffene im Bereich des Ehe- und Familienrechts sowie des Erbrechts. Auch ihre 2001 in München gegründete Kanzlei ist explizit auf das Ehe- und Familienrecht, Erbrecht und auf das Recht der nicht ehelichen Lebensgemeinschaften ausgelegt.

Impressum:

Verlag C. H. Beck im Internet: www.beck.de
ISBN: 978-3-406-62590-9
© 2011 Verlag C. H. Beck oHG
Wilhelmstraße 9, 80801 München

Lektorat und DTP: Text + Design Jutta Cram, 86157 Augsburg,
www.textplusdesign.de
Umschlaggestaltung: Ralph Zimmermann – Bureau Parapluie
Umschlagbild: © istockphoto.com/Aldo Murillo
Druck und Bindung: Beltz Bad Langensalza GmbH
Neustädter Straße 1–4, 99947 Bad Langensalza

Gedruckt auf säurefreiem, alterungsbeständigem Papier
(hergestellt aus chlorfrei gebleichtem Zellstoff)